Bernd Seibel

Bildung und Erziehung
in Vereinen und Verbänden

Grundlagen und Haltungen für
die Kinder- und Jugendarbeit
der ehrenamtlichen Pädagogen

Bernd Seibel

Bildung und Erziehung in Vereinen und Verbänden

Grundlagen und Haltungen für
die Kinder- und Jugendarbeit
der ehrenamtlichen Pädagogen

hofmann.

Bibliografische Information der Deutschen Nationalbibliothek

Die Deutsche Nationalbibliothek verzeichnet diese Publikation in der Deutschen Nationalbibliografie; detaillierte bibliografische Daten sind im Internet über http://dnb.d-nb.de abrufbar.

Bestellnummer 8670

Bildnachweis: Titelbild (Frau & Kinder): © LSB NRW I Foto: Andrea Bowinkelmann
Titelbild (Trainer & Kinder): © fotolia, Foto: Monkey Business

Druck und Verarbeitung: Druckerei Djurcic, Schorndorf

Printed in Germany · ISBN 978-3-7780-8670-4

Inhalt

Widmung

Wenn ich heute auf meine Entwicklung und Gewordensein zurückblicke, stelle ich fest, dass ich Vieles dem verdanke, was mir als Kind und Jugendlicher und später als ehrenamtlichem Pädagogen in der kirchlichen Kinder- und Jugendarbeit, im Sport- und Musikverein, in den vielen Wochenend- und Ferienfreizeitmaßnahmen, in den Übungsstunden, Wettbewerben und Wettkämpfen „nebenbei" mitgegeben wurde. Ich habe großartige Jugendgruppenleiter, Trainer und Musiklehrer erleben dürfen, die mich durch ihr Vorbild inspiriert und ermutigt haben, die in mir schlummernden Talente und Möglichkeiten zu entdecken und weiterzuentwickeln. Selbstverständlich gab es auch weniger Erfreuliches. Diese Erfahrungen gehören auch zu meiner Bildungs- und Erziehungsgeschichte, die zu meiner Entwicklung als ehrenamtlicher und professioneller Pädagoge, aber auch als Vater, beigetragen haben. Ich widme dieses Buch unseren Kindern Florian, Katharina und Maximilian.

Ihr habt in Vereinen sowie Kinder-, Jugend-, Pfadfinder-, Reit-, Musikgruppen immer wieder ehrenamtliche Pädagogen angetroffen, die es verstanden, Eure Stärken und Ressourcen anzusprechen und Kompetenzen zu fördern, die Euch auf Eurem Lebens- und Berufsweg hoffentlich hilfreich waren und weiterhin sein werden.

Mich verbindet mit Euch eine Erziehungsgeschichte. Für einen professionellen Pädagogen ist es eine besondere Herausforderung, Theorie und Praxis zum Wohle der eigenen Kinder zusammenzuführen. Dass dies immer geglückt ist, wage ich zu bezweifeln. Von dem, was zu einer gelingenden Entwicklung von Kindern und Jugendlichen notwendig ist, ist in diesem Buch die Rede. Während des Schreibens ist mir wieder neu deutlich geworden: Ich habe viel von Euch gelernt, würde heute manches anders machen und bitte um Nachsicht, wenn nicht alles so ideal gelaufen ist. Vieles kann ich mir heute ganz anders vorstellen.

Vorwort

Die Idee zu diesem Buch ist im Rahmen eines Gespräches zwischen dem langjährigen fachkundigen Berater unserer Jugendstiftung, Herrn Professor Dr. Bernd Seibel, und mir entstanden. Seit Gründung der Stiftung der Sparkasse Markgräflerland zur Förderung der Jugend hat uns Professor Dr. Seibel bei der Durchführung von mehreren Wettbewerben zur Förderung der Jugendarbeit in den Vereinen sowie bei der Ausschreibung von Ehrenamtspreisen unterstützt. Außerdem haben wir gemeinsam einige Podiumsdiskussionen und Fortbildungsveranstaltungen für Vereinsmitglieder veranstaltet. Für diese hervorragende Unterstützung unserer Jugendarbeit sind wir Herrn Professor Dr. Seibel sehr dankbar.

Die Stiftung der Sparkasse Markgräflerland zur Förderung der Jugend wurde 1997 aus Anlass des 25-jährigen Jubiläums der Vereinigung der früheren Bezirkssparkassen Müllheim und Weil am Rhein zur Sparkasse Markgräflerland gegründet. Die laufenden Erträgnisse aus dem Stiftungskapital werden zielgerichtet zur Förderung der Jugendarbeit im Geschäftsbereich der Sparkasse Markgräflerland eingesetzt. Seit der Gründung konnte die Stiftung rund 350 000 Euro für die Durchführung der genannten Wettbewerbe sowie für Einzelfördermaßnahmen bereitstellen.

Dieses Buch stellt für ehrenamtliche Pädagogen in Vereinen und Verbänden eine ausgezeichnete Grundlage für die außerschulische Kinder- und Jugendarbeit dar. Gerne haben wir deshalb die Erstellung dieses Buches finanziell unterstützt. Die Vorstände aller Vereine in unserem Geschäftsgebiet werden von uns ein Exemplar zur Weitergabe an ihre ehrenamtlichen Pädagogen erhalten.

Im Namen unserer Vereine und Verbände danke ich Professor Dr. Bernd Seibel, der als Autor dieses Buch von der Idee bis zur Druckreife ausgezeichnet umgesetzt hat. Ich hoffe, dass dieses Buch bei allen ehrenamtlichen Pädagogen in Vereinen und Verbänden in und außerhalb des Markgräflerlandes eine gute Aufnahme findet. Es wäre mir eine große Freude, wenn dadurch die Kinder- und Jugendarbeit in den Vereinen und Verbänden in ihrer Weiterentwicklung unterstützt werden könnte.

Müllheim/Weil am Rhein, im September 2010

Georg Belle
Vorsitzender des Vorstandes der
Sparkasse Markgräflerland und der Jugendstiftung

Vorwort

Kinder- und Jugendarbeit bietet Geselligkeit, Spaß, inhaltliche Mitgestaltung und Erlebnisse. Hier gibt es Angebote, bei denen Mädchen und Jungen sich mit sich selbst und anderen auseinandersetzen, ihre eigene Stärken und Fähigkeiten entdecken und entwickeln, Zukunfträume entwerfen, überprüfen und ummodeln, sowie Ängste und Sorgen aussprechen können. Hier ist Platz für viele Fragen: Familie, Freundschaften, Berufswünsche, Lust und Frust im eigenem Leben seien hier nur stichwortartig erwähnt. Die Angebote der Kinder- und Jugendarbeit sind generell darauf ausgerichtet Selbstbewusstsein und Selbstständigkeit zu stärken, wichtige Schlüsselqualifikationen zu erwerben, und tragen somit zur positiven Entwicklung der jungen Menschen bei. Kooperation, Teamfähigkeit, Selbstständigkeit, Flexibilität, Verantwortungsbewusstsein und Kreativität sind Fähigkeiten, die in der Kinder- und Jugendarbeit quasi nebenbei vermittelt werden, weil sie notwendigerweise Bestandteil der regelmäßigen Angebote sind. Dies alles zusammen führt zur einer handlungsorientierten Qualität der Kinder- und Jugendarbeit und zeichnet sie neben Familie und Schule als so genannten eigenständigen Sozialisations- und Bildungsbereich aus.

Kinder und Jugendliche haben vor der ersten Begegnung mit einem Gruppenleiter oder Trainer zwar schon viele prägende Einflüsse erlebt und sie kommen zumeist auch nur einige Stunden in der Woche in die Kinder- oder Jugendgruppe. Trotzdem sollte deren Einfluss auf die Entwicklung der Kinder und Jugendlichen nicht unterschätzt werden. Dies trifft umso mehr bei länger andauernden Wochenendveranstaltungen und Ferienmaßnahmen, wie z. B. Zeltlager, zu.

Die Gruppenleiter wachsen oftmals in eine starke Vorbildfunktion, welche den Kindern und Jugendlichen insbesondere bei auftretenden Problemen einen leichteren und besseren Zugang, als z. B. die Person eines Lehrers bietet. Das wirkt sich natürlich unmittelbar auf die Vermittlung von Werten, Einstellungen und Verhaltensweisen aus. Deshalb muss das eigene Handeln immer wieder überprüft werden.

Ein weiterer entscheidender Faktor für alle Entwicklungsprozesse ist zudem die Gruppe selbst. Die Orientierung an der Gruppe und den dort herr-

schenden Gewohnheiten und Wertevorstellungen ist für Kinder und Jugendliche, insbesondere in der pubertären Entwicklungsphase von großer
Bedeutung. Die Gruppe ist in der Lage, sowohl unschätzbar wertvolle als
auch negative Erfahrung zu vermitteln – und natürlich alle Nuancen dazwi-
schen. Auch hier liegt eine große Verantwortung bei den Gruppenleitern,
durch Programmgestaltung, Modellverhalten und Leitungsstil eine Gruppe
entscheidend zu prägen. Dieses Buch wird die ehrenamtlichen Pädagogen
bei diesen verantwortungsvollen Tätigkeiten anregen und unterstützen.

Stuttgart, September 2010

Roland Kaiser
Leiter KVJS-Landesjugendamt Baden-Württemberg

Einführung

Die ehrenamtliche Kinder- und Jugendarbeit der Vereine und Verbände wird getragen von dem bewundernswerten Engagement der Übungsleiter, Jugend(gruppen)leiter, Trainer, Jugendbegleiter, Mentoren und vielen anderen Menschen, die es sich zur Aufgabe gemacht haben, Kinder und Jugendliche mit den unterschiedlichsten Angeboten, Aufgaben und Herausforderungen in ihrer Entwicklung zu begleiten und pädagogische Verantwortung zu übernehmen.

Die Gestaltung von positiven Beziehungen, ohne die eine pädagogische Arbeit mit Kindern und Jugendlichen nicht gelingen kann, fordert von den ehrenamtlichen Pädagogen in den Vereinen und Verbänden neben den fachlichen Kompetenzen vor allem personale und soziale Fähigkeiten.

Spätestens seit dem 12. Kinder- und Jugendbericht der Bundesregierung wird den Vereinen und Verbänden in der außerschulischen Kinder- und Jugendarbeit eine bedeutende Funktion in der Wahrnehmung von Bildungsaufgaben zugesprochen. Dabei wird immer wieder auf deren Beitrag zur Persönlichkeits- und Sozialentwicklung der Kinder- und Jugendlichen hingewiesen. Dies kann jedoch nur gelingen, wenn die notwendigen Voraussetzungen für die ehrenamtlichen Pädagogen in den Vereinen und Verbänden gegeben und diese sich ihrer entscheidenden Rolle als Entwicklungs- und Lernbegleiter und Bezugspersonen von Kindern und Jugendlichen bewusst sind.

Langjährige Erfahrungen in der pädagogischen Aus- und Fortbildung von ehrenamtlichen Pädagogen für die Kinder- und Jugendarbeit der Vereine und Verbände, für die Kooperation mit Schulen und anderen Institutionen, für die Mitarbeit in Ganztagsschulen sowie die Rückmeldungen und Anregungen aus der Praxis zeigen, dass diese mit Grundlagen und Erkenntnissen der Pädagogik vertraut gemacht werden müssen.

Die Wahrnehmung von Aufgaben im Rahmen des erweiterten Bildungsverständnisses und die damit verbundenen Anforderungen hinsichtlich eines fundierten Verständnisses von Bildungs-, Betreuungs-, Erziehungs- und Lernprozessen von Kindern und Jugendlichen sind nur dann möglich, wenn den damit betrauten ehrenamtlichen Pädagogen grundlegende Kenntnisse, Handlungs- und Haltungsmodelle vermittelt werden, die über den fachlichen Auftrag hinausgehen.

Das vorliegende Buch möchte deshalb – in einer leicht verständlichen und anschaulichen Form – pädagogisches Hintergrundwissen vermitteln, zum Nachdenken über die eigene Arbeit und zum Entdecken neuer Möglichkeiten und Kompetenzen anregen.

Ausgehend von den veränderten Lebenswelten von Kindern und Jugendlichen und den damit verbundenen Veränderungen ihrer Aufwachsbedingungen, werden daran anschließend ihre unveränderten Bedürfnisse und die daraus abgeleiteten Rechte dargestellt.

Daraus folgt das der pädagogischen Haltung und Handeln zugrunde liegende Bild vom Kind und Jugendlichen sowie das Verständnis der Entwicklung und Entwicklungsaufgaben, die sich in den verschiedenen Entwicklungsphasen von Kindern und Jugendlichen unterschiedlich zeigen.

Die Bewältigung von Entwicklungsaufgaben mit dem Ziel der Entwicklung eigenverantwortlicher und gemeinschaftsfähiger Persönlichkeiten, stellt die Kinder- und Jugendarbeit vor die Herausforderung – in Abgrenzung von der schulischen Bildungsarbeit – eigene, andere Erfahrungs- und Bildungsräume für Kinder und Jugendliche zur Verfügung zu stellen.

Damit werden aber Anforderungen an die Bedeutung und Person des ehrenamtlichen Pädagogen gestellt, die dieser nur durch die Auseinandersetzung mit seiner Geschichte, Haltung, Erziehungsverhalten, Vorbildfunktion über ständige Selbstbeobachtung und Selbstreflexion gerecht werden kann kann.

Wesentliche Aufgaben ergeben sich für den ehrenamtlichen Pädagogen in der Gestaltung positiver Beziehungen, wertschätzender und anerkennender Zuwendung, der Förderung seelischer Gesundheit und dem Erkennen und Vermindern beziehungsweise Stärken von Risiko- und Schutzfaktoren mit dem Ziel, Kindern und Jugendlichen Halt zu geben und eine positive Entwicklung zu ermöglichen.

Der „Circle of Courage" ist ein hilfreiches, positives, für die Ermutigung von Kindern und Jugendlichen geeignetes Haltungs- und Handlungsmodell, das für den ehrenamtlichen Pädagogen Ansätze zur Erkennung der Wachstumsbedürfnisse und für eine positive Beziehungsgestaltung bereithält.

Den einzelnen Kapiteln gehen inhaltliche Zusammenfassungen voraus. Aufgaben, Fragen und Anregungen zum Nachdenken am Ende der Kapitel geben dem ehrenamtlichen Pädagogen Gelegenheit, sich eingehender mit den Inhalten auseinanderzusetzen. Die Kapitel können nacheinander, aber auch einzeln in beliebiger Reihenfolge gelesen werden. Querverweise stellen den Bezug her. Erläuterungen zu den verwendeten Fachbegriffen und Fremdwörtern sowie ein Stichwortverzeichnis finden sich am Ende des Buches.

Die Bezeichnungen im Text sind geschlechtsneutral. In jedem Fall sind gleichermaßen Mädchen und Jungen, Frauen und Männer gemeint.

Abschließend sei dem Vorsitzenden des Vorstandes der Sparkasse Markgräflerland und ihrer Jugendstiftung, Herrn Georg Belle, für die großzügige Unterstützung bei der Entstehung dieses Buches gedankt. Ebenso danke ich George Blue Bird für die Erlaubnis zur Verwendung der Illustrationen zum „Circle of Courage".

Ich hoffe, dass dieses Buch Zuspruch, Nachdenken und praktische Hilfe für die ehrenamtlichen Pädagogen in den Vereinen und Verbänden bringen kann, die mit ihrem dankenswerten Engagement zum gelingenden Aufwachsen von Kindern und Jugendlichen beitragen.

Über – durchaus auch kritisch-konstruktive – Anmerkungen und Anregungen zur Weiterentwicklung würde ich mich freuen.

Für Interessierte biete ich themenbezogene und vertiefende Workshops zur Bildungs-, Betreuungs- und Erziehungsarbeit in der Kinder- und Jugendarbeit sowie zum Haltungs- und Handlungsmodell des „Circle of Courage" an.

Freiburg, September 2010

Prof. Dr. Bernd Seibel
seibel@eh-freiburg.de

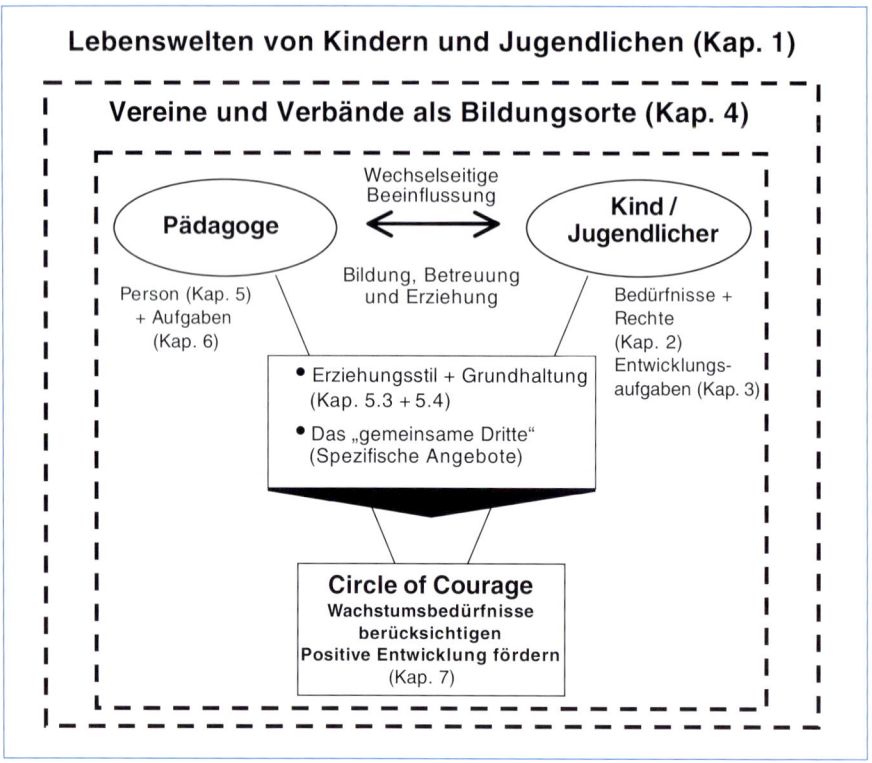

Abb. 1: Aufbau und Inhalt

1 Veränderte Lebenswelten von Kindern und Jugendlichen

Das Aufwachsen von Kindern und Jugendlichen in Deutschland heute ist von vielfältigen Anforderungen geprägt.

In den letzten Jahren haben sich gesellschaftliche Veränderungen vollzogen, die auch die Arbeit in den Vereinen und Verbänden betreffen.

Den Auswirkungen für die Gestaltung der Bildungs-, Betreuungs- und Erziehungsprozesse kann durch eine „lebensweltorientierte Pädagogik" begegnet werden.

Es gibt keine Entschuldigung dafür, den Kindern eine Kindheit vorzuenthalten, in der sie ihre Fähigkeiten voll entfalten können.

Nelson Mandela

Die Lebenslagen von Kindern, Jugendlichen, … unterscheiden sich erheblich, je nach
- familialem Hintergrund
- Bildungsstand
- sozio-ökonomischer (wirtschaftlicher) Lage
- kultureller und ethnischer Zugehörigkeit
- regionalen Gegebenheiten

Dimensionen, die die Lebenslagen bestimmen:
- Bildungs- und Ausbildungsniveau
- Erwerbsstatus
- Gesundheit
- Wohnsituation
- Wohnumfeld
- Familiensituation
- Soziale Netzwerke
- Einkommen und Vermögen

Nachdenken

Welche gesellschaftlichen Aspekte haben eine zentrale Bedeutung für die Situation der Kinder und Jugendlichen im Verein? Mit welchen Problemen beschäftigen sie sich oft?

Wie werden diese Aspekte in der Kinder- und Jugendarbeit berücksichtigt?

Gibt es Raum für die ehrenamtlichen Pädagogen für den Austausch über gesellschaftliche Veränderungsprozesse und Probleme und die Situation von Kindern und Jugendlichen? Wie wird im Verein und Verband darauf reagiert?

Kinder und Jugendliche wachsen heute in einer Gesellschaft auf, die durch eine Vielfalt der Lebensstile, Werthaltungen und Ziele gekennzeichnet ist. Diese Pluralität bedeutet jedoch auch Verlust an Normierung, Verbindlichkeit und Einheitlichkeit. Dies wird im Begriff der „Multioptionsgesellschaft" zum Ausdruck gebracht, die stets Entscheidungen fordert und damit den Einzelnen in seiner Autonomie herausfordert.

Aufgabe und Verantwortung von Staat und Gesellschaft ist es, den jungen Menschen eine bedürfnisgerechte und selbst bestimmte Gestaltung ihres Lebens zu ermöglichen. Ihnen sollen Chancen für den Erwerb von Kompetenzen eröffnet werden, die eine eigenständige und eigenverantwortliche Lebensführung erlauben.

Die Anforderungen zur erfolgreichen Lebensbewältigung sowie Lern- und Bildungserwartungen stellen für alle Kinder und Jugendliche, ihre Familien und ihre pädagogischen Umwelten neue Herausforderungen dar.

Ein zentraler Aspekt von Kindheit heute ist, dass die Chancen für junge Menschen jedoch ungleich verteilt sind. Von daher sind die Verbesserung von Chancengerechtigkeit und die Fähigkeit zur Orientierung von Kindern in einer Gesellschaft mit vielfältigen Werten, Normen und Kulturen zu fördern. Damit soll verhindert werden, dass verpasste Lern- und Entwicklungschancen eine Belastung nicht nur für die Kinder, sondern auch für die Gesellschaft sein können.

Viele Kinder und Jugendliche sind aufgrund förderlicher Voraussetzungen und Rahmenbedingungen in der Lage, die Herausforderungen ohne große

Auffälligkeiten zu bewältigen. Es gibt aber auch Kinder und Jugendliche, die die Chance nicht nutzen können, die an den Risiken scheitern und die überfordert sind.

Der gesellschaftliche Wandel hat dazu geführt, dass bedeutsame Veränderungen in der Lebenswelt zutage treten und eine gelingende Entwicklung befördern, jedoch auch behindern können. Es gibt eine Vielzahl von Kenntnissen über die Lage und auch Sichtweisen von Kindern und Jugendlichen über die Rahmenbedingungen ihres Aufwachsens. Sie werden zunehmend als Experten und Expertinnen ihrer Lebenswelten gesehen.

Für das Aufwachsen von Kindern und Jugendlichen in Deutschland spielen jeweils die Familienform, die Erwerbsbeteiligung der Eltern, die Herkunft (z. B. Migrationshintergrund), das Geschlecht sowie die soziale Schicht eine entscheidende Rolle. Diese Dimensionen begründen bereits im frühen Kindesalter Chancen oder Benachteiligung. Dementsprechend gibt es starke Wechselwirkungen zwischen den sozialen Bedingungen und dem individuellen Erleben der Kinder sowie ihrem Wohlbefinden in Familie, Schule und Gleichaltrigengruppen. So hat eine Befragung von 8- bis 11-Jährigen nach ihren Sorgen ergeben, dass ihre Antworten stark von „Erwachsenenängsten" geprägt sind:

> 50% der Kinder haben Angst vor Armut
>
> 37% der Kinder haben Angst vor Arbeitslosigkeit der Eltern

Im Folgenden sollen nun beispielhaft einzelne der oben genannten Dimensionen sowie weitere Aspekte näher beleuchtet werden.

Die sich anschließenden Fragen regen zum Nachdenken über die Bedeutung für das eigene pädagogische Handeln an.

Familienform und Familienbeziehungen

Der Familie kommt eine zentrale Stellung für das Aufwachsen von Kindern und Jugendlichen zu und ist deren primäre Lebenswelt. Nach wie vor wachsen sie in der Regel mit einem Geschwisterkind in der „normalen" Zwei-Eltern-Familie auf. Gleichzeitig nehmen nicht-eheliche Paargemeinschaften, Stieffamilien und Alleinerziehendenhaushalte zu. Dies gilt für zugewanderte Familien in geringerem Maße als für nicht zugewanderte Familien.

Die Anpassung an das Leben in veränderten familialen Lebensformen bedeutet für Kinder und Jugendliche die Bewältigung von Veränderungen im Alltag, aber auch in den sozialen und emotionalen Beziehungen. Dies kann einerseits Entwicklungs- und Lernchancen beinhalten, andererseits jedoch auch zu Belastungen mit Auswirkungen auf Entwicklung und Lernen führen.

Die Herkunftsfamilie erweist sich z. B. als ein wichtiger biografischer Raum für Bildung. Hier werden grundlegende Voraussetzungen erworben, die es Kindern ermöglichen, sozial und kulturell an der Gesellschaft teilzuhaben. Die Familie ist das „Basislager" für die Bildungslaufbahnen der Kinder. Die Unterstützung für den Entwicklungsprozess eines Kindes hängt vom sozialen Hintergrund der Familie ab. Hier zeigen sich eklatante Unterschiede hinsichtlich der Startchancen, z. B. für Kinder aus niedrigeren sozialen Schichten (z. B. niedrigerer Bildungsabschluss der Eltern, niedrigerer Einkommensstatus), Kinder von Alleinerziehenden, Kinder von Migranten und Kinder in bestimmten Regionen. Diese Familien sind auch häufiger von Armut betroffen und deren Kinder beklagen, dass die Eltern zu wenig Zeit für sie hätten.

Hinsichtlich der Erziehung folgen Eltern (insbesondere Mütter) der Mittelschicht bestimmten Regeln der Erziehung. Sie sind eher bereit, Kinder in Gespräche und Entscheidungen einzubeziehen, elterliche Regeln oder Verbote zu begründen, Interessen der Kinder zu fördern, sich aktiv an den Angelegenheiten der Schule zu beteiligen.

Eltern der Arbeiterklasse oder aus wirtschaftlich und sozial benachteiligten Situationen halten eher an der Vorstellung des „natürlichen Aufwachsens" fest. Sie überlassen – aufgrund familienunfreundlicher Arbeitszeiten oder weiter Wege zum Arbeitsplatz – ihre Kinder weitgehend sich selbst. Kinder dieser Familien leben in ihrer Freizeit mehr im natürlichen Umfeld der Nachbarschaft oder Verwandten. Sie haben selbst mehr Einfluss auf die Gestaltung ihrer Zeit. Mütter und Väter sehen die elterliche Verantwortung eher in der Fürsorge, weniger in der einfühlsamen Beachtung der Gefühle, Gedanken und Interessen der Kinder.

Ein weiterer wichtiger Aspekt des familiären Umfeldes und der Ungleichheit ist der (unterschiedliche) Gebrauch der Sprache. Wie wird gesprochen, wie entstehen Entscheidungen, wie werden Regeln begründet, wird Sprache als Instrument der Disziplin verwendet, lernen Kinder ihre Gefühle und Gedanken auszudrücken, werden sie ermuntert, ihre Meinung zu äußern und ihre Ansprüche zu formulieren?

Nachdenken

Was weiß ich über den familiären Hintergrund der Kinder und Jugendlichen meines Wirkungsfeldes?

Welche Beobachtungen mache ich im Umgang mit den Kindern und Jugendlichen? Im Umgang von Kindern und Jugendlichen untereinander?

Sehe ich Möglichkeiten der sozialen und emotionalen Unterstützung?

Die Verinselung des Kinderlebens – Terminkindheit

Kinder und Jugendliche verbringen immer mehr Zeit in Bildungseinrichtungen sowie Betreuungsangeboten. Die Verlängerung der Schulzeit, der täglichen Unterrichts- und Lernzeiten prägen zunehmend die Lebensläufe.

Hinzu kommen eine Fülle von Freizeitangeboten (z. B. von Vereinen und Verbänden). Dadurch werden spezielle kindliche und jugendliche Lebensräume geschaffen, die zu einer Verinselung des Kinderlebens führen.

Diese zusätzlichen Lebenswelten strukturieren den Alltag, bestimmen und begrenzen auch Handlungs- und Bewegungsräume. In zeitlicher Hinsicht ergibt sich das Phänomen der „Terminkindheit", das vor allem durch außerschulische und außerfamiliale Angebote, zu denen auch die der Vereine und Verbände gehören, erklärt werden kann. Die getrennten Lern- und Lebenswelten stellen für Kinder und Jugendliche eine Herausforderung dar. Sie beinhalten jedoch auch Erfahrungs- und Entwicklungsmöglichkeiten. Doch sind diese Angebote nicht für alle Kinder und Jugendliche zugänglich. Dadurch ergibt sich häufig eine sozial gefestigte und einseitige Zusammensetzung der Gruppen.

Durch die wachsende Bedeutung außerschulischer Bildungsaktivitäten kann es zu einer Verschärfung bestehender Ungleichheiten sowie zur Entstehung neuer Ungleichheiten kommen. Dies vor allem, wenn der Zugang zu diesen Angeboten sozial oder finanziell beschränkt wird. So zeigen Untersuchungen zur Vereinszugehörigkeit z. B., dass einheimische Kinder zwischen 60% (bei Unterschichten) und über 80% (bei Mittelschichten) Mitglieder sind. Aussiedlerkinder und Kinder mit türkischem Migrationshintergrund dagegen liegen mit 20% Vereinszugehörigkeit (Sport, Musik) in den unteren und mit ca. 40% bis 50% bei den oberen Schichten jeweils deutlich unter der Gruppe der jeweils einheimischen Kinder.

Nachdenken

Wie sieht der tägliche und wöchentliche Terminplan der Kinder und Jugendlichen aus?

Welchen Stellenwert haben dabei schulische und außerschulische Angebote?

Sind meine Angebote für alle Kinder und Jugendliche zugänglich, wodurch werden sie im Zugang begrenzt?

Medien und virtuelle Welten

Moderne Medien und die Nutzung von Computer und Internet haben sich inzwischen zu selbstverständlichen Bestandteilen der Lebenswelten von Kindern und Jugendlichen entwickelt. Medien sind Orte für Kinder, in denen sie für sich sein können, ihre Stile des Umgangs sowie ihre Geschmacksvorlieben ausbilden, sich mit ihrer eigenen Medienkompetenz von den Eltern und Erwachsenen absetzen und Kontakte zu anderen Kindern und Jugendlichen (ohne Kontrolle der Eltern) herstellen können.

Deshalb kann von einer weitgehenden Durchdringung der Lebensführung durch Medien gesprochen werden. Einerseits dienen sie dem Transport von Wissen und Informationen sowie der Unterhaltung und ermöglichen umfassende Kommunikation zwischen Gruppen und Einzelpersonen. Andererseits bauen sie mehr oder weniger realitätsgetreu virtuelle Räume und Welten auf.

Fast jedes fünfte Kind sucht Trost beim Fernsehen oder Computer. Vor allem, wer sich in der Familie weniger wohlfühlt oder in der Schule nicht so gut zurechtkommt, greift öfter zur Fernbedienung oder Computermaus. Die starke Mediennutzung ist Teil der Lebenswirklichkeit. Kritisch wird es, wenn die virtuelle Welt Ersatzfunktionen übernimmt. Einer Studie zufolge haben nur fünf beziehungsweise neun Prozent der Kinder keinen Zugriff auf einen PC oder Fernseher. Von der 7. Klasse an haben 44 Prozent der Kinder einen eigenen Fernseher und 45 Prozent einen eigenen Computer. 31 Prozent verfügen zudem über einen eigenen Internetzugang. Je mehr Zeit Kinder mit Computerspielen oder vor dem Fernseher verbringen, desto häufiger haben sie Probleme mit den Hausaufgaben: Mehr als ein Fünftel kommt in der Schule nicht gut zurecht.

Die Auswirkungen der Mediatisierung auf Entwicklungsprozesse von Kindern und Jugendlichen, auf Prägung von Meinungen und Werten, Gestaltung von Kommunikation werden auch hinsichtlich ihrer Gefahren und Probleme diskutiert, jedoch auch die Chancen gesehen, die sich insbesondere aus der Nutzung ergeben. Die Teilhabe an medialen und virtuellen Welten ist ein Bestandteil der Realität von Kindern und Jugendlichen.

Nachdenken

In welchem Umfang nutzen Kinder und Jugendliche digitale Medien?

Wie kann ich diese Medienkompetenzen aufgreifen und in meine Arbeit einbeziehen?

Multikulturelle Lebenswelten

In Deutschland leben derzeit 15,6 Millionen Menschen mit Migrationshintergrund, das sind 19% der Gesamtbevölkerung. Darunter befinden sich 1,12 Millionen Kinder im Alter bis zu 10 Jahren. Das macht in dieser Altersgruppe einen Anteil von 31% aus.

Der Begriff der „Einwanderungsgesellschaft" verdeutlicht, dass die Zuwanderung von Migranten Realität ist und als Teil der Internationalisierung der Gesellschaft verstanden werden kann. Die Auseinandersetzung mit anderen Kulturen, das Erleben kultureller Verschiedenheit sind heute selbstverständliche Merkmale des Aufwachsens von Kindern und Jugendlichen in Deutschland.

Für Kinder und Jugendliche ergibt sich dadurch eine Ausweitung der Erfahrungs- und Lernmöglichkeiten. Bildungsprozesse werden dadurch bereichert. Gleichzeitig können bei Kindern und Jugendlichen ohne Migrationshintergrund Voreingenommenheiten, Fremdheitserfahrungen und Verunsicherungen hervorgerufen werden.

Bei Kindern und Jugendlichen mit Migrationshintergrund besteht die Gefahr von Ausgrenzungs- und Benachteiligungserfahrungen. Dies gilt auch für die Migranten der zweiten Generation, die als Kinder von Zugewanderten in Deutschland geboren wurden. Integrationsprobleme können ihre sozialen, kulturellen und wirtschaftlichen Chancen beeinträchtigen.

Nachdenken

Kenne ich die Kinder und Jugendliche mit Migrationshintergrund?

Habe ich mich mit ihrer Herkunft, ihren unterschiedlichen sozialen, sprachlichen und kulturellen Voraussetzungen auseinandergesetzt?

Wie kann ich meinen Blick auf Kinder und Jugendliche mit Migrationshintergrund und damit meinen Umgang mit ihnen in meiner Arbeit verändern?

Alternde Gesellschaft

Wenn auch eine hohe Zuwanderung die Gesamtzahl der Einwohner in Deutschland stabilisieren bzw. den Rückgang verlangsamen kann, ist von einer Alterung auszugehen. Im Jahr 2030 wird nahezu jede dritte Person in Deutschland 60 Jahre alt oder älter und nur noch jede sechste wird unter 20 Jahre alt sein. Geringe Kinderzahlen in Deutschland werden auf verschiedene Ursachen zurückgeführt und immer wieder mit der Vereinbarkeit von Familie und Beruf in Zusammenhang mit unzureichenden Kinderbetreuungsplätzen diskutiert.

Für die heranwachsende Generation zeichnen sich Probleme ab, so z. B. Belastungen für die Beziehung zwischen Jungen und Alten, die auch die Entwicklungs- und Bildungschancen beeinflussen können.

Nachdenken

Wie wirkt sich der Rückgang der Kinderzahlen auf meine Arbeit aus?

Wie gestalte ich die Beziehungen zwischen Jung und Alt?

Kein Kind fallen lassen – Verarmte Kindheit

Ergebnisse von Studien zur Lebenslage von Familien bzw. Kindern zeigen deutlich auf, dass ungünstige bzw. mangelhafte wirtschaftliche Bedingungen zur Folge haben, dass sich neben den Eltern auch die Kinder und Jugendlichen benachteiligt empfinden. Dies kann sich nicht zuletzt auf die Integration in Gleichaltrigengruppen auswirken. Die Alltagssituation „Armut" belastet die Familienbeziehungen, trägt zur Häufung von Konflikten in der Familie bei und zieht das Erziehungsverhalten in Mitleidenschaft.

Das geringe Einkommen der Eltern bzw. der wirtschaftliche Mangel erhöhen das Risiko von Armut bzw. Verarmung. Dies kann an folgenden Faktoren festgemacht werden: Arbeitslosigkeit, Kurzarbeit, Familienform, Familiengröße, Migration, Alter, Bildungsabschluss, Bildungserwartungen, Problemfamilien, Wohnlage und Wohnumfeld. Das Aufwachsen in Armut hat Folgen für die Entwicklung von Kindern und Jugendlichen.

Die sozial-wirtschaftliche Lebenssituation von Kindern und Jugendlichen wird bestimmt durch die Stellung der Eltern im Erwerbssystem, die wiederum weitgehend vom Bildungsniveau abhängig ist. Das Einkommen steht in einem engen Zusammenhang mit der Familienform, der Anzahl und dem Alter der Kinder. Mit wachsender Kinderzahl verschlechtert sich die Einkommenssituation, bei Alleinerziehenden noch deutlicher. Diese sind deshalb einem höheren Armutsrisiko ausgesetzt.

Bei der Betrachtung der Armutssituation von Kindern und Jugendlichen zeigt sich, dass wir es mit einem konstanten Anstieg zu tun haben. Erwachsene, die – gegebenenfalls zusammen mit ihren Kindern – längere Zeit einem höheren Armutsrisiko ausgesetzt sind, sind häufiger niedrig qualifiziert und außerdem oft alleinerziehend oder leben in Haushalten mit mehr als drei Kindern. Weitere Merkmale dieser Gruppe sind: Trennung oder Scheidung und Arbeitslosigkeit, die ein hohes Armutsrisiko darstellen.

Besondere Aufmerksamkeit muss Kindern gelten, die im Elternhaus Arbeitslosigkeit, Armut und Bezug von Sozialhilfeleistungen erfahren. Neben einer ausreichenden und qualitativ guten vor- und schulischen Bildung, Betreuung und Erziehung muss auch der Zugang zu entsprechenden Angeboten der außerschulischen Kinder- und Jugendarbeit gewährleistet werden. Damit erhöhen sich ihre Chancen zur sozialen Teilhabe und die Möglichkeit Kräfte zu bilden, die späterer Armut vorbeugen können. Oft verbirgt sich hinter Einkommensarmut „Bildungsarmut" der Eltern, so dass der Teufelskreis mangelnder Bildung früh zu durchbrechen ist.

Nachdenken

Wie kann ich mir ein Bild von der sozial-wirtschaftlichen Lage der Kinder und Jugendlichen und ihren Familien machen?

Ist es den Eltern möglich, einen finanziellen Beitrag für die außerschulischen Angebote ihrer Kinder und Jugendlichen zu leisten?

Kann durch eine soziale Staffelung der Mitgliedsbeiträge Kindern und Jugendlichen in von Armut geprägter Lebenslage Unterstützung zuteil werden?

Gesundheit und Wohlbefinden

Bei einem nicht unerheblichen Teil von jungen Menschen in Deutschland gibt es gesundheitliche Auffälligkeiten. Die Verschiebung des Krankheitsspektrums von akuten zu chronischen Erkrankungen wie beispielsweise Adipositas (Übergewicht) durch Aspekte des modernen Lebensstils (z. B. durch einseitige Ernährung, Bewegungsarmut oder durch einen niedrigen Einkommensstatus) ist auffallend.

Ungleiche Lebensbedingungen beeinflussen die körperliche, psychische und soziale Entwicklung von Kindern und Jugendlichen. So ist nachgewiesen, dass soziale Benachteiligung und Armut – besonders, wenn sie junge Menschen mit Migrationshintergrund betrifft – in hohem Maße mit gesundheitlichen Belastungen verbunden sind.

Auf die Frage nach ihrem Wohlbefinden antworteten die meisten Kinder in einer Studie mit „eher gut" bis „gut". Sieben Prozent fühlten sich nicht wohl. Kinder Alleinerziehender sowie Kinder mit Migrationshintergrund und Kinder von Arbeitslosen fühlen sich weniger wohl als andere.

Laut Gesetz (§ 1 Sozialgesetzbuch VIII) sollen alle junge Menschen in ihrer individuellen und sozialen Entwicklung gefördert werden. Es gilt Benachteiligungen zu vermeiden, Kinder und Jugendliche vor Gefahren für ihr Wohl zu schützen und dazu beizutragen, positive Lebensbedingungen für junge Menschen zu erhalten bzw. zu schaffen. Dies gilt auch ausdrücklich für Kinder und Jugendliche mit drohenden oder bestehenden Behinderungen.

Nachdenken

Wie kann ich durch meine Angebote zur Vorbeugung von Krankheiten, zur Gesundheitsförderung und zur Förderung des Wohlbefindens beitragen?

Mädchen und Jungen – Die Krise der kleinen Männer

Waren in der Vergangenheit Mädchen in ihrer Entwicklung benachteiligt, so wurde für sie inzwischen viel erreicht. Jungen entwickeln sich zu Problemkindern.

So zeigt sich z. B., dass deutsche Schülerinnen ihren männlichen Mitschülern überlegen sind, nicht nur beim Lesen und Verstehen von Texten. Sie können sich besser ausdrücken, sind sozialer, einfühlsamer und angepasster. Besonders deutlich wird das Zurückbleiben der Jungen an den Rändern des Bildungssystems. Je geringer qualifizierend die Schulform, desto höher ist der Jungenanteil. 56% aller Hauptschüler sind männlich, in Förder- und Sonderschulen steigt die Quote auf 62%. Heute gelten nicht mehr die Mädchen als die Verlierer des Bildungssystems. Fast jeder zehnte Junge in Deutschland bleibt ohne Schulabschluss, 5,8% der Mädchen erreichen diesen nicht.

Was brauchen Jungen, und wer ist für ihre Benachteiligung verantwortlich? Mit einer eigenen Pädagogik eine klare Trennlinie zwischen den Geschlechtern ziehen? Oder mit einem besseren und stärker auf jedes Kind eingehenden Unterricht – jedoch nicht nach Geschlecht getrennt? Dies sind Fragen, die diskutiert werden.

Tatsache ist, dass viele Jungen in Familie, Kindergarten oder Schule ohne intensivere Kontakte zu Männern aufwachsen. Ihnen fehlen damit realistische Vorbilder, deshalb können sich falsche Männlichkeitsvorstellungen entwickeln.

Nachdenken

Wie kann ich Interessen von Mädchen und Jungen gleichermaßen berücksichtigen?

Wie kann ich eine geschlechtersensible Haltung entwickeln?

Wie kann ich meine eigenen Rollenbilder überprüfen?

Lebensweltorientierte Pädagogik

In diesem Kapitel wurde beispielhaft aufgezeigt, dass Kinder und Jugendliche heute von den Auswirkungen des gesellschaftlichen Wandels in vielfältiger und unmittelbarer Weise betroffen sind. Veränderungen in den Lebenswelten der Kinder und Jugendlichen beeinflussen das Aufwachsen und die Entwicklung von jungen Menschen.

Deshalb ist es unumgänglich, die sozialen und kulturellen Rahmenbedingungen der Gesellschaft bei der Gestaltung der pädagogischen Arbeit in den Vereinen und Verbänden zu berücksichtigen.

Die Lebensweltorientierung wird zum grundlegenden Prinzip einer Pädagogik, die zur gelingenden Entwicklung von Kindern und Jugendlichen beitragen kann.

Die räumliche Nähe zum Alltag, das Einbeziehen und die Beteiligung der Kinder und Jugendlichen als Experten für ihre Lebenslage und der respektvolle Umgang ermöglichen das Erkennen von Stärken, die zur Bewältigung der Anforderungen und Aufgaben erforderlich sind.

Ausgangspunkte einer so verstandenen stärkeorientierten Pädagogik sind aber ebenso die allgemeingültigen Bedürfnisse von Kindern und Jugendlichen und die daraus abgeleiteten Rechte, wie sie im nun folgenden Kapitel entfaltet werden.

2 Bedürfnisse, Rechte und Bilder von Kindern und Jugendlichen

Für Kinder und Jugendliche gelten grundlegende Bedürfnisse, unabhängig von ihrer ethnischen, kulturellen und sozialen Zugehörigkeit.

Aus diesen leiten sich grundlegende Rechte für Kinder und Jugendliche ab. Diese sind in der Kinderrechtskonvention (KRK) der Vereinten Nationen festgehalten.

Das Bild vom Kind/Jugendlichen beeinflusst das pädagogische Handeln.

Ein Kind ist nicht glücklich, weil es das neueste Handy hat, sondern wenn es in der Familie gestärkt und geliebt wird – mit all seinen Schwächen. Deshalb sollten sich Eltern auch nicht so viele Gedanken darüber machen, ob ihr Kind finanziell mithalten kann. Liebe zu Kindern, Zuneigung, tiefe und gute, stabile Bindungen sind das Wichtigste und Beste, was Eltern ihrem Kind mitgeben können.

Ursula von der Leyen

2.1 Bedürfnisse von Kindern und Jugendlichen

Alle Menschen haben im Wesentlichen drei psychische Grundbedürfnisse, von deren Befriedigung ihr Glück und Wohlbefinden abhängt. Nur wenn diese erfüllt werden, sind sie leistungsfähig, ausgeglichen und können ihre Potenziale entfalten. Das Wohlbefinden ist dann am höchsten, wenn alle drei Bedürfnisse gleich stark ausgeprägt sind und in gleichem Ausmaße befriedigt werden:

- Selbstbestimmung
- Kompetenz
- Zugehörigkeit

Am glücklichsten sind diejenigen Menschen, die gleichermaßen selbstbestimmt handeln und etwas bewirken können und die sich anderen Menschen zugehörig fühlen. Sind die drei Bedürfnisse hingegen ungleich ausgeprägt oder werden sie nicht befriedigt, so kann das der seelischen und körperlichen Gesundheit schaden und das Wohlbefinden beeinträchtigen.

Ist beispielsweise die Selbstbestimmung eingeschränkt, so kann dies zu Motivationsverlust führen. Ein unterentwickeltes Kompetenzgefühl kann wiederum Selbstabwertung und Selbstwertprobleme nach sich ziehen. Und ein vermindertes Zugehörigkeitsgefühl kann zu vermehrten Konflikten mit anderen Menschen führen.

Wurden in der Kindheit wichtige Bedürfnisse nicht erfüllt, dann hat das mit großer Wahrscheinlichkeit Auswirkungen auf die Lebensqualität. So ist erwiesen, dass durch die Befriedigung der genannten Bedürfnisse, die Zunahme selbstbestimmten Verhaltens, des Wohlbefindens, der Leistungsfähigkeit und der Kreativität gefördert wird.

Es ist unbestritten, dass Menschen, wenn sie eine wenig glückliche Kindheit hatten, wenn grundlegende Bedürfnisse nicht erfüllt worden sind, mit sehr viel mehr Belastungen ins Leben starten als andere. Doch ebenso unbestritten ist, dass man dieser Vergangenheit nicht hilflos ausgeliefert ist.

Alle Menschen – unabhängig von Kultur und Schicht – haben die gleichen Bedürfnisse. Die Theorie der Pyramide der menschlichen Bedürfnisse besagt, dass diese aufeinander aufbauen. Zuerst müssen bestimmte Grundbedürfnisse befriedigt werden, bevor andere Wünsche oder Ziele zu neuen und jeweils stärkeren Bedürfnissen werden. Inzwischen wird aber angenommen, dass die Bedürfnisse nicht unbedingt aufeinander aufbauen, sondern sich überschneiden und eng miteinander verwoben sind.

1. Stufe: **Körperliche Bedürfnisse**
Existenzielle Bedürfnisse, die vor allem der Selbsterhaltung dienen: Hunger, Durst, Sexualität, Schlaf, Kleidung, Unterkunft, Anregung, Erholung, Entspannung.

2. Stufe: **Sicherheits- und Geborgenheitsbedürfnisse**
Stabilität, Zuverlässigkeit, Regeln, Ordnung, Gesetze, Grenzen, Freiheit von Angst, Bedrohung und Chaos, Schutz der Existenz, des Arbeitsplatzes, Eigentums, Gesundheit.

3. Stufe: **Bedürfnis nach sozialen Beziehungen**
Zuneigung, Abneigung gegen Einsamkeit, Freundschaften, Kommunikation, Kontakt, Bindung.

4. Stufe: **Bedürfnis nach sozialer Anerkennung und Achtung**
Zugehörigkeit, Akzeptanz der eigenen Person, Liebe, Geborgenheit, Sorgen und Umsorgen, Lieben und Geliebtwerden, Aufmerksamkeit, Bedeutung, Respekt, Selbstbestätigung, Vertrauen, Selbstwertschätzung.

5. Stufe: **Bedürfnis nach Selbstverwirklichung**
Ausschöpfung und Entfaltung des im Menschen angelegten Potenzials, Ausleben der Einzigartigkeit, Selbstbestimmung, Individualität, Selbstwertgefühl, Gestaltung des eigenen Lebens und der Umwelt, sinnvolle Ziele haben, Zielorientiertheit, spirituelle Bedürfnisse.

Ein anderes Modell – die EKS-Theorie – verkürzt die oben dargestellten Bedürfnisse auf drei Stufen

- **Existenz- oder Grundbedürfnisse:**
  Bedürfnisse, deren Befriedigung das Überleben sicherstellen (Nahrung, Wohnung, Kleidung, Wärme, …) Thema: *Ich will leben!*

- **Kontaktbedürfnisse:**
  Streben nach Geborgenheit und Zuwendung von anderen (Gruppen, Teamarbeit, mit anderen Menschen etwas unternehmen oder gestalten, …) Thema: *Ich will zu Euch!*

- **Selbstverwirklichungs- und Wachstumsbedürfnisse:**
  Erleben der eigenen Wirkung, Erfolg bei selbstständigem Bewältigen sinnvoller Aufgaben (abwechslungsreiche Tätigkeiten, kreatives Arbeiten, Weiterbildung, selbstständiges Arbeiten und neue Ziele finden …) Thema: *Ich will etwas leisten!*

Beide Modelle sind eine gute Orientierung und können als Checklisten benutzt werden, um die Ausdrucksformen von Menschen zu entschlüsseln. Gleichzeitig können sie als Richtschnur für die Gestaltung von Lebensräumen von Kindern und Jugendlichen dienen.
Kinder und Jugendliche sind sehr kompetent bezüglich ihres eigenen Könnens, Wollens und Zutrauens. Wir dürfen in der Regel davon ausgehen, dass sie wissen, was sie brauchen und wollen, was für sie wichtig ist. Pädagogen jedenfalls können Vertrauen in diese Fähigkeit haben. Sie können diese nutzen, statt Kinder und Jugendliche von ihren Einsichten und Ent-

scheidungen abhängig zu machen, so dass sie letztlich gar nicht mehr wissen, was sie selbst wollen und was für sie gut ist.

Was brauchen Kinder und Jugendliche für ein gelingendes Aufwachsen? Was brauchen sie, um sich körperlich und seelisch, geistig und sozial gut entwickeln zu können? Vereinfacht ausgedrückt geht es um die Vermittlung von Haltungen und die Gewährleistung des Kindeswohls:

- Ich werde geliebt, so wie ich bin.
- Ich kann etwas.
- Ich weiß selbst, was richtig und falsch ist.
- Ich darf einen eigenen Willen haben.
- Ich werde angenommen.
- Ich bin richtig, wie ich bin.

Kinder benötigen verlässliche Beziehungen zu vertrauten Erwachsenen, um eine sichere Basis zu haben, von der aus sie die Welt entdecken können. Die Beziehung zwischen Kindern und Erwachsenen muss dabei von wechselseitiger Anerkennung getragen sein, die sich in emotionaler Zuwendung und sozialer Wertschätzung ausdrückt.

Letztendlich müssen Rahmenbedingungen des Aufwachsens hergestellt werden, in denen die oben genannten Bedürfnisse befriedigt werden können:

- Ein zufriedenes und ausgeglichenes Herkunftsmilieu.
- Eine materielle Grundversorgung von Anfang an, die existenzielle Voraussetzungen bereitstellt.
- Die Vermittlung des Gefühls von Zuversicht und Zukunftsperspektiven von Seiten der Erwachsenen.
- Das Vorhandensein von vertrauensvollen Bezugspersonen im Alltag, d. h. „kompetente Andere", die Kinder umfassend und stetig ermutigen, fördern und fordern.

Dinge „selbst machen", selbstständig und selbstbestimmt entscheiden können, die eigenen Interessen und Ziele verfolgen, die Entdeckerfreude unterstützen, dem eigenen Willen Ausdruck verschaffen, sind wichtige Aspekte einer unabhängigen Entwicklung von Kindern und Jugendlichen. Dazu gehören aber auch die Vermittlung von sicheren und sinnvollen Grenzen und Orientierung, eines stabilen Werte- und Leitsystems, durch klare

Regeln über konsequentes Erziehungsverhalten und eindeutige Kommunikation von Seiten der Pädagogen. Von deren Verhalten hängt ab, inwieweit und in welcher Form Kinder und Jugendliche in die Entscheidungen miteinbezogen werden bzw. ein Selbstbestimmungsrecht haben.

Fähigkeiten erproben und weiterentwickeln, wirksam handeln, Herausforderungen bewältigen, sich kompetent erleben und selbst etwas bewirken zu können, stolz auf sich zu sein. Dies gilt es zu erfahren für Kinder und Jugendliche über andere Menschen, die Vertrauen in ihre Fähigkeiten setzen, sie fördern. Damit sie selbst einen Sinn in ihrem Handeln erleben. Förderung von Kompetenz bedeutet aber auch die Stärkung der individuellen Widerstandskraft von Kindern und Jugendlichen, die ihnen die Bewältigung schwieriger Lebenssituationen ermöglicht. Sie verstehen unter Kompetenz weit mehr als das, was ihnen z. B. in der Schule vermittelt wird. Es geht um Kompetenzen für das Leben, die im Hier und Jetzt nützlich sind, die ihnen Anerkennung unter Gleichaltrigen verschaffen, ihnen unmittelbar zu Freude, Wohlbefinden und Selbstvertrauen verhelfen. Diese werden ihnen z. B. auch in der Gleichaltrigengruppe und in Vereins- und Freizeitaktivitäten mitunter nebenbei vermittelt.

Könnenserlebnisse und das Erbringen von Leistungen sind für die Entwicklung des Selbstwertgefühls für Kinder und Jugendliche von hoher Bedeutung. Dabei kann das Streben nach Leistung ganz unterschiedlich ausgerichtet sein. Pädagogen haben darauf zu achten, dass Aufgaben und Ziele so gestellt bzw. formuliert werden, dass eine Erfolgswahrscheinlichkeit und damit Anerkennung gewährleistet ist. Erfolgsorientierte Kinder und Jugendliche suchen Aufgaben und Ziele, die eine mittlere Erfolgswahrscheinlichkeit haben. Sollten sie an Aufgaben scheitern, stecken sie das weg und versuchen es noch einmal. Misserfolgsmotivierte dagegen gehen kein Risiko ein, sie wählen entweder ganz leichte Aufgaben, bei denen der Erfolg sicher eintritt, oder so schwere, dass sie sich im Falle des Scheiterns keine Vorwürfe machen müssen.

Soziale Beziehungen sind für Kinder und Jugendliche so wichtig, dass sich ein Mangel nachteilig auf das Selbstwertgefühl und Wohlbefinden auswirken kann. In der Zugehörigkeit, in der Anerkennung durch Gleichaltrige, entwickeln Kinder und Jugendliche soziale Kompetenzen und erleben sich als selbstwirksam. Sich als wirksam erleben bedeutet, auch als Person wahrgenommen zu werden. Mit zunehmendem Alter werden die Gleichaltrigenbeziehungen wichtiger als die Bindung an erwachsene Personen.

Ergebnisse der Bindungsforschung zeigen, dass frühe Erfahrungen von Kindern, wie Eltern mit ihnen umgehen, ihren späteren Umgang mit ihren Gefühlen und mit anderen Menschen beeinflussen. Es ist somit davon auszugehen, dass Kinder und Jugendliche ihre Bindungserfahrungen in die Beziehung mit Pädagogen einbringen.

Wichtig ist, dass Kinder – ob als Kleinkinder, Schulkinder oder Jugendliche – in ihren Bindungsentwicklungen positive Erfahrungen in ihren Familien, in Kindergärten und Schulen, in Gleichaltrigengruppen und Vereinen machen.

Sichere Bindungen zu fördern, um gelingende Entwicklungsprozesse von Kindern und Jugendlichen zu unterstützen, ist eine Herausforderung und zentrale Aufgabe von Pädagogen. Entwicklung kann vor allem dann positiv verlaufen, wenn auch eine sichere Bindung zu ihnen vorliegt. Es gibt kein Lernen und engagierte Förderung ohne persönliche Bindung.

Sich geborgen und sicher zu fühlen, um seiner selbst willen geliebt und respektiert zu werden, zu erfahren, dass die Zuneigung an keine Bedingungen geknüpft ist, fördert ein stabiles Selbstwertgefühl. Demütigen, Beschämen, Spotten und Herabsetzen verhindern ein positives Selbstwertgefühl.

Freunde zu haben und Freundschaften pflegen zu können, trägt für Kinder in hohem Maße zum Wohlbefinden sowie zu Gefühlen des Glücksempfindens bei. Vereine und Verbände bieten hier vielfältige Möglichkeiten und Gelegenheiten, Freunde und Freundinnen kennen zu lernen. Freundschaften zu pflegen ist eine grundlegende Fähigkeit für ein gelingendes Aufwachsen.

Grundvoraussetzung für die gesunde Entwicklung von Kindern und Jugendlichen ist das Zustandekommen einer Gefühlsbindung zu einem anderen Menschen. Eine solche Bindung kommt erstaunlich oft zustande, immer wieder auch unter sehr ungünstigen äußeren Bedingungen. Die Bindungsbereitschaft von Kindern und Jugendlichen ist enorm. Aber es gibt äußere Faktoren, die das Zustandekommen solcher Bindungen erleichtern, und solche, die diesen Prozess zusammenbrechen lassen können.

Eine wesentliche Voraussetzung für das Zustandekommen und Aufrechterhalten dieser Bindung ist dann die Anwesenheit eines Dritten, d. h. eines Menschen, der unterstützt, kommentiert, kritisiert, jemand, der eine Rückmeldung gibt, jemand der einfach vorhanden ist. Es ist hilfreich – wenn auch nicht unbedingt entscheidend –, dass dieser oder diese Dritte dem anderen Geschlecht angehört. Oftmals übernehmen Pädagogen in Vereinen diese Funktion und damit eine große Verantwortung.

Kinder brauchen erwachsene Bezugspersonen, die nicht ständig ihren Kontakt zu den Kindern unterbrechen. Die Bindung entsteht beim gemeinsamen Tun. Man muss etwas gemeinsam tun, und zwar mit einer gewissen Regelmäßigkeit. Das „gemeinsame Dritte" der Vereine und Verbände, das jeweilige Angebot in verschiedenen Bereichen, ist das Verbindende zwischen Pädagogen und Kindern/Jugendlichen. Es ermöglicht und erleichtert Kontinuität im Aufbau der Beziehungen zwischen ihnen.

Kinder und Jugendliche brauchen Menschen, die ihnen nah sind, sich Zeit für sie nehmen, auf ihre Bedürfnisse eingehen, ihnen durch ihre Verlässlichkeit Sicherheit und Geborgenheit geben. Diese vermitteln ihnen und entwickeln mit ihnen Gewohnheiten und Regeln. Sie geben ihnen die Gewissheit, dass sie Mitglieder einer Gemeinschaft sind, dazugehören: Mütter und Väter, Geschwister, Großeltern, Verwandte, gleichaltrige Freundinnen und Freunde, Freunde und Bekannte der Eltern, Nachbarn, Erzieherinnen, Lehrer, Pädagogen in den Vereinen und Verbänden.

Beziehungen sind ein grundlegendes Bedürfnis. Dennoch werden sie durch die Lebensumstände von Kindern und Familien oft nicht unterstützt, sondern belastet und eingeschränkt. Immer mehr Kinder und Jugendliche erleben unter den heutigen Rahmenbedingungen des Aufwachsens diese Beziehungen nicht intensiv genug. Das Zusammenleben in der Familie, das soziale Leben in Einrichtungen und Vereinen kann durch den Mangel an Bindungs- und Beziehungserfahrungen belastet werden.

Deshalb ist es wichtig, Kinder und ihre Eltern in ein Geflecht von Beziehungen zu integrieren, das sie trägt, ihr Leben in guten Tagen erweitert und bereichert sowie Halt und Hilfe bei Schwierigkeiten und in Krisen gibt, etwa wenn Eltern sich trennen oder Freundschaften zerbrechen. Hier können sich auch für Vereine und Verbände bedeutende Aufgaben stellen. Pädagogen sind dann herausgefordert und übernehmen eine große Verantwortung.

Kinder streben von Geburt an nach Sicherheit und suchen die Nähe und den Schutz der Eltern und anderer Bezugspersonen. Das frühe Erleben von

Sicherheit und Bindung fördert eine positive seelische, geistige und körperliche Entwicklung. Dies wird auch durch die Hirnforschung bestätigt. Neuere
Erkenntnisse belegen, dass Kinder und Jugendliche auf soziale Bindung
und Kooperation angelegt und angewiesen sind, auf zwischenmenschliche
Anerkennung, Wertschätzung, Zuwendung und Zuneigung.

Die dabei vermittelte Geborgenheit wirkt sich förderlich auf die Persönlichkeitsentwicklung aus und schließt mehrere positive Gefühle mit ein: Be-
haglichkeit, Wohlbefinden, Wärme, Zuneigung, Nähe, Liebe, Akzeptanz,
Verständnis, Schutz, und innere Ruhe. Geborgenheit ist jene innere Sicherheit, die durch Schutz, Wärme und Wohlfühlen zustande kommt und
ein Gefühl von Angenommensein, Nähe und Zuwendung erzeugt.

Der Verein kann für viele Kinder und Jugendliche auch zu einem vertrauten
Ort, zu einem Raum der Geborgenheit, einer strukturellen zweiten Heimat
werden.

Nachdenken

Wie kann ich durch meine Arbeit zur Befriedigung der Bedürfnisse von
Kindern und Jugendlichen beitragen?

Bin ich mir in diesem Zusammenhang meiner Verantwortung als Bezugsperson und Pädagoge bewusst?

Wie kann ich den Verein zu einem Ort der Geborgenheit, der Wärme,
der Sicherheit, des Vertrauens, der Akzeptanz machen, der für Kinder
und Jugendliche positives Erleben und erfolgreiches Handeln ermöglicht?

2.2   Rechte von Kindern und Jugendlichen

Die Beachtung der veränderten Rahmenbedingungen des Aufwachsens
von Kindern und Jugendlichen (Kap. 1) einerseits, sowie die Achtung ihrer
grundlegenden Bedürfnisse andererseits (Kap. 2.1) legen es nahe, vom
Recht eines jeden Kindes/Jugendlichen zu sprechen, von Liebe, Geborgenheit und Verständnis umgeben, aufzuwachsen.

Anlässlich des Internationalen Jahres des Kindes beauftragten die Vereinten Nationen (United Nations – UN) 1979 eine Arbeitsgruppe der Men-

schenrechtskonvention mit der Ausarbeitung einer „Konvention über die Rechte des Kindes". Damit sollten die Menschenrechte mit Bezug auf die besonderen Bedürfnisse von Kindern verbindlich festgeschrieben werden. 1989 wurde die Kinderrechtskonvention (KRK) verabschiedet.

Die Rechte von Kindern sind von ihren grundlegenden Bedürfnissen (Kap. 2.1) abgeleitet, die befriedigt sein müssen, damit Kinder eine glückliche und erfüllte Kindheit erleben und sie sich zu starken, unabhängigen, fürsorglichen und verantwortungsvollen Bürgern entwickeln können.

Ausgangspunkt ist die Stellung des Kindes als Subjekt und Träger eigener, unveräußerlicher Grundrechte. Die in den 54 Artikeln dargelegten Schutz-, Förder- und Beteiligungsrechte haben zum Ziel, weltweit die Würde, das Überleben und die Entwicklung von Kindern (bis 18 Jahren) sicherzustellen. In Deutschland ist die Konvention seit 1992 in Kraft.

Kinder als Träger eigener Rechte anzusehen ist geschichtlich neu und auch heute im Bewusstsein vieler Erwachsener nicht fest verankert. Das hängt mit dem überlieferten Bild vom Kind zusammen. Lange galten Kinder als noch nicht vollwertige Menschen, den Erwachsenen in jeder Hinsicht unterlegen und ihnen daher rechtlich nicht gleichgestellt. Inzwischen hat sich vieles verändert. Die Grund- und Menschenrechte gelten auch für Kinder und Jugendliche.

Allerdings gibt es bei der Umsetzung der Kinderrechte auch heute noch erhebliche Defizite, wie sie zum Teil schon in Kapitel 1 dargestellt wurden. Weitaus mehr als Erwachsene sind Kinder in Deutschland von Armut und sozialer Ausgrenzung betroffen. Viele Kinder erhalten nicht die bestmögliche gesundheitliche Versorgung. Gewalt gegen Kinder kommt – vor allem in Form seelischer Verletzungen und entwürdigender Behandlung – erschreckend häufig vor. Kinder mit Migrationshintergrund leiden unter Diskriminierung.

Gemäß Artikel 4 der Konvention hat sich Deutschland verpflichtet, „alle geeigneten Gesetzgebungs-, Verwaltungs- und sonstigen Maßnahmen zur Verwirklichung der ... anerkannten Rechte zu treffen". Hierzu gehört auch die Aufnahme von Kinderrechten in das Grundgesetz, was bis heute jedoch nicht erfolgte.

Seit 2010 gilt die UN-Kinderrechtskonvention in Deutschland ohne Einschränkungen. So wurden die Vorbehalte besonders im Hinblick auf die rechtliche Situation solcher Kinder, die aus Krisengebieten nach Deutschland geflohen sind, zurückgezogen.

Die in dem „Gebäude der Kinderrechte" verankerten wichtigsten Rechte finden sich in folgenden Artikeln:

Artikel 2 – Achtung der Kindesrechte – Diskriminierungsverbot

Das heißt, die Kinderrechte gelten für jedes Kind unabhängig von Rasse, Hautfarbe, Geschlecht, Sprache, Religion, politischer oder sonstiger Anschauung, nationaler, ethnischer oder sozialer Herkunft, Vermögen, Behinderung, Geburt oder sonstigem Status des Kindes, seiner Eltern oder seines Vormunds.

Artikel 3 – Wohl des Kindes

Hier ist der Vorrang des Kindeswohls festgeschrieben, demzufolge das Wohl des Kindes bei allen Gesetzgebungs-, Verwaltungs- und sonstigen Maßnahmen öffentlicher oder privater Einrichtungen vorrangig zu berücksichtigen ist. Wer auch immer für die Entwicklung des Kindes Verantwortung trägt, ist verpflichtet, das Kind entsprechend seinem Entwicklungsstand bei der Wahrnehmung seiner Rechte zu unterstützen. Damit sind neben Eltern, Erziehern, Lehrern, auch Pädagogen verpflichtet.

Artikel 6 – Recht auf Leben

Sichert das grundlegende Recht jeden Kindes auf Leben, Überleben und Entwicklung.

Artikel 12 – Berücksichtigung des Kindeswillens

Das Kind hat das Recht, in allen Angelegenheiten, die es betreffen, unmittelbar oder durch einen Vertreter gehört zu werden. Die Meinung des Kindes muss angemessen und entsprechend seinem Alter und seiner Reife berücksichtigt werden.

Seit 1979 ist es in Deutschland zu einem Perspektivenwechsel gekommen, was die Bilder und die Rechtsstellung von Kindern und Jugendlichen betrifft. So werden diese nicht mehr als Objekte der Erwachsenen, sondern als Subjekte und damit als Träger eigener Rechte betrachtet.

1980 wurde der Übergang von der elterlichen „Gewalt" zur elterlichen „Sorge" vollzogen. Außerdem wurde der § 1626 (Absatz 2) in das Bürgerliche Gesetzbuch (BGB) eingefügt, der erstmals die Mitsprache und Beteiligung von Kindern und Jugendlichen an allen sie betreffenden Entscheidungen ihrer Eltern rechtsverbindlich festlegt.

Das 1990 in Kraft getretene Kinder- und Jugendhilfegesetz (KJHG – Sozialgesetzbuch VIII), das auch für die Kinder- und Jugendarbeit der Vereine und Verbände maßgeblich ist, benennt Kinder und Jugendliche ausdrücklich als Träger eigener Rechte. Dabei wird festgehalten: „Jeder junge Mensch hat ein Recht auf Förderung seiner Entwicklung und auf Erziehung zu einer eigenverantwortlichen und gemeinschaftsfähigen Persönlichkeit".

Letztes Glied in der Kette von Kinderrechten in Deutschland ist das 2000 in Kraft getretene Gesetz zur Ächtung der Gewalt in der Erziehung: „ Kinder haben ein Recht auf gewaltfreie Erziehung. Körperliche Bestrafungen, seelische Verletzungen und andere entwürdigende Erziehungsmaßnahmen sind unzulässig."

Die Anerkennung des Kindes als Träger eigener Rechte ist Ausdruck für einen tiefgreifenden Wandel im Verhältnis der Erwachsenen zu den Kindern. Der Übergang zu einem neuen Generationenverhältnis wird sichtbar. An die Stelle der Unterordnung des Kindes unter den Willen und die Macht der Eltern tritt eine Beziehung auf der Basis gleicher Grundrechte, in der die Würde und die Rechte des Kindes neben der Erwachsenen einen selbstverständlichen Platz einnehmen.

Kinder sind aber keine kleinen Erwachsenen. Auf Grund ihres Alters, auf Grund ihrer sich noch entwickelnden körperlichen und geistigen Fähigkeiten und Möglichkeiten bedürfen Kinder des besonderen Schutzes und der besonderen Fürsorge. Kinder brauchen eigene Kinderrechte. Sie brauchen ein Recht auf Kindheit, und zwar auf einen Schon- und Spielraum, in dem Verantwortlichkeit wachsen und eingeübt werden kann.

In dieser Spannung zwischen Gleichheit einerseits – Kinder sind genauso Menschen – und Unterschiedlichkeit andererseits – Kinder haben altersbedingte besondere Bedürfnisse – liegt das besondere Verhältnis zwischen Erwachsenen und Kindern.

Neben den in den Artikeln 2, 3, 6 und 12 dargelegten elementaren Grundrechten der Kinder sind im Folgenden weitere Rechte aufgeführt, die insbesondere für die Arbeit der Pädagogen in Vereinen und Verbänden handlungsleitend sind.

Artikel 19 – Schutz vor Gewaltanwendung, Misshandlung, Verwahrlosung

Der Staat schützt Kinder vor jeder Form körperlicher oder geistiger Gewaltanwendung, Schadenszufügung oder Misshandlung, vor Verwahrlosung und Vernachlässigung, vor schlechter Behandlung einschließlich des sexuellen Missbrauchs, solange es sich in der Obhut der Eltern oder eines Elternteils, eines Vormundes oder anderen gesetzlichen Vertreters oder einer anderen Person befindet, die das Kind betreut.

Artikel 23 – Förderung von Kindern mit Behinderung

Der Staat erkennt an, dass ein Kind mit geistiger oder körperlicher Behinderung ein erfülltes und menschenwürdiges Leben unter Bedingungen führen soll, welche seine Selbstständigkeit fördern und seine aktive Teilnahme am Leben der Gemeinschaft erleichtern.

Ergänzend ist noch anzuführen, dass seit 2009 die UN-Konvention über die Rechte von Menschen mit Behinderung in Deutschland geltendes nationales Recht ist. Diese Konvention geht ebenfalls von den universellen Menschenrechten aus und nimmt alle Lebensbereiche von Menschen mit Behinderung ins Blickfeld. Zusammen mit der UN-Kinderrechtskonvention stärkt sie die Teilhabe von Kindern mit Behinderungen auch in außerschulischen Bildungsbereichen wie der Kinder- und Jugendarbeit der Vereine und Verbände.

Auch hier ist ein Perspektivenwechsel zu verzeichnen. Weit über die Integration hinausführend, geht die in der UN-Konvention geforderte Inklusion von der Besonderheit und den individuellen Bedürfnissen eines jeden Kindes aus. Während eine integrative Pädagogik die Eingliederung der „aussortierten" Kinder mit Behinderungen anstrebt, erhebt die inklusive Pädagogik den Anspruch, eine Antwort auf die komplette Vielfalt aller Kinder zu sein. Sie tritt ein für das Recht aller Kinder und Jugendlichen, unabhängig von ihren Fähigkeiten oder Beeinträchtigungen sowie von ihrer ethnischen, kulturellen oder sozialen Herkunft miteinander und voneinander zu lernen. Kein Kind soll ausgesondert werden, weil es den Anforderungen nicht entsprechen kann. Im Gegensatz zur Integration will die Inklusion nicht die

Kinder anpassen, sondern die Rahmenbedingungen an die Bedürfnisse und Besonderheiten der Kinder und Jugendlichen. Nicht die Behinderten sollen integriert werden, sondern die Einrichtungen sollen inklusiv sein: d. h. auch Behinderten offen stehen.

Artikel 24 – Gesundheitsvorsorge

Der Staat erkennt das Recht des Kindes auf das erreichbare Höchstmaß an Gesundheit an sowie auf Inanspruchnahme von Einrichtungen zur Behandlung von Krankheiten und zur Wiederherstellung der Gesundheit. Er bemüht sich sicherzustellen, dass keinem Kind das Recht zu derartigen Gesundheitsdiensten vorenthalten wird.

Artikel 28 – Recht auf Bildung

Jedes Kind hat das Recht auf Bildung. Die dabei nötige Disziplin in Schulen darf keine Rechte und vor allem nicht die Würde des Kindes verletzen.

Artikel 29 – Bildungszwecke

Bildung verhilft zur vollen Entfaltung der Persönlichkeit, der Talente sowie der geistigen und körperlichen Fähigkeiten des Kindes. Bildung bereitet das Kind auf ein verantwortungsbewusstes Leben als freier Bürger in einer freien Gesellschaft vor und fördert die Achtung des Kindes vor seinen Eltern, seine kulturelle Identität, aber auch Toleranz und Verständnis für die Wertvorstellungen anderer Menschen.

Jedes Kind hat von Geburt an ein Recht auf Bildung. Kindern soll die Teilhabe an Bildung ermöglich werden, und zwar unabhängig von ihrer ethnischen Herkunft und sozialen Schicht. Länder wie Finnland sind mit ihrem Ansatz „ Kein Kind darf verloren gehen" bereits sehr erfolgreich. Wie sieht es mit dem Zugang zu Bildung aus? Zahlreiche Studien belegen schon seit Jahren, dass nicht das Grundrecht auf Bildung im deutschen Bildungssystem ausschlaggebend für die Bildungslaufbahn von Kindern ist, sondern vielmehr die soziale Herkunft. Dies betrifft insbesondere Kinder aus armen und einkommensschwachen Elternhäusern. Kinder, die in schwierigen Lebenslagen aufwachsen, haben nicht nur schlechtere Bildungschancen, sie sind auch in gesundheitlicher Hinsicht gefährdet und damit häufig nachhaltig in ihrer Entwicklung beeinträchtigt.

Artikel 31 – Beteiligung an Freizeit, kulturellem und künstlerischem Leben

Der Staat anerkennt das Recht des Kindes auf Ruhe und Freizeit, auf Spiel und altersgemäße aktive Erholung sowie auf freie Teilnahme am kulturellen und künstlerischen Leben.

Kinder brauchen Spielräume, in denen sie sich ausprobieren können. Sie brauchen eine Entwicklungsphase, in der sie die Chance erhalten, eigene Bedürfnisse ohne den Druck einer umfassenden Verantwortung auszubilden. Kinder haben ein Recht darauf, Fehler zu machen und daraus zu lernen.

Artikel 34 – Schutz vor sexuellem Missbrauch

Der Staat verpflichtet sich, das Kind vor allen Formen sexueller Ausbeutung und sexuellem Missbrauch zu schützen, wie etwa vor Prostitution und Pornografie.

Kinder brauchen erwachsene Vorbilder, Autoritäten im positiven Sinne, an denen sie sich orientieren, sich reiben, an denen sie wachsen und von denen sie sich schließlich absetzen können. Kinder haben auch ein Recht auf Widerspruch.

Es ist Aufgabe von Pädagogen, Kindern ihre Rechte weitaus mehr zu vermitteln als bisher. Kinder und Jugendliche sollten erwachsenen Persönlichkeiten begegnen können, die sie bei der Ausübung ihrer Rechte leiten und unterstützen. Das setzt Informationen über die Rechte der ihnen anvertrauten Kinder und Jugendlichen voraus. Pädagogen sollten sich selbst als treuhänderische Verfechter der Kinderrechte verstehen.

Nachdenken

Was bedeuten mir die Kinderrechte in meiner Arbeit mit Kindern und Jugendlichen? Welche grundlegenden Rechte kenne ich und werden von mir berücksichtigt?

Wie können diese überwacht werden? Wie kann ich Kindern zu ihren Rechten verhelfen?

Welche Rechte werden – nach meinen Erfahrungen – wohl am häufigsten verletzt?

Die folgende Übersicht führt die dargestellten Bedürfnisse und Rechte (UN-Kinderrechtskonvention – KRK) zusammen:

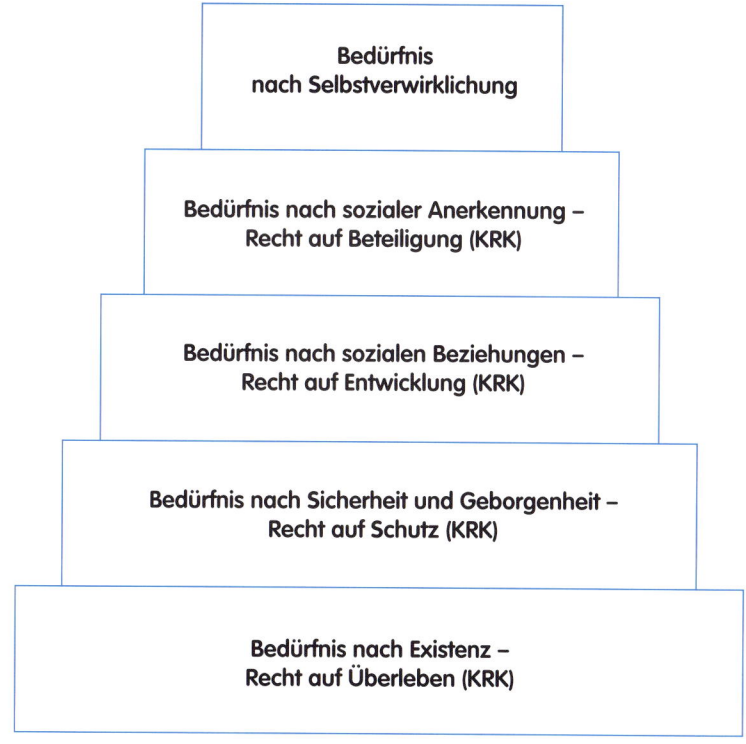

Abb. 2: Pyramide der Bedürfnisse und Rechte

2.3 Bilder von Kindern und Jugendlichen

„Was tun Sie" wurde Herr K. gefragt, „wenn Sie einen Menschen lieben?"
„Ich mache einen Entwurf von ihm", sagte Herr K.
„ und sorge dafür, dass er ihm ähnlich wird."
„Wer? Der Entwurf?" „Nein", sagte Herr K. „Der Mensch".

Bertolt Brecht

Du hast das Recht, genauso geachtet zu werden, wie ein Erwachsener.
Du hast das Recht, so zu sein, wie du bist. Du musst dich nicht verstellen
und so sein, wie die Erwachsenen wollen. Du hast ein Recht auf den
heutigen Tag, jeder Tag deines Lebens gehört dir, keinem sonst.
Du, Kind, wirst nicht erst Mensch, du bist Mensch.

Janusz Korczak

Wer mit Menschen zu tun hat, trägt in sich eine Vorstellung, was den Menschen ausmacht. Dieses „Menschenbild", das jede Person mehr oder weniger offen „mit sich herumträgt" spielt gerade in der Arbeit von Pädagogen eine maßgebliche Rolle.

Pädagogisches Handeln ist immer davon abhängig, welches Menschenbild wir haben, welches Bild des Kindes oder Jugendlichen unser Handeln leitet. Letztendlich entscheidet es über Inhalte und Methoden des pädagogischen Wirkens. In den Bildern versuchen wir, uns selbst und andere zu verstehen. Entwürfe, Menschenbilder sind als Vorstellungen zu verstehen, die Orientierung bieten. Diese formulieren an den anderen Menschen Anforderungen und Erwartungen.

Das Bild, das wir vom anderen Menschen haben, ist allerdings nie ein endgültiges Bild. Es ist offen und das heißt, es bleibt bestimmt von den jeweiligen geschichtlichen, politischen, sozialen und wirtschaftlichen Zusammenhängen und den sich daraus ergebenden Forderungen und Erwartungen. So wird dieses Bild auch von den Bedürfnissen und Rechten der Kinder und Jugendlichen beeinflusst (Kap. 2.1 + 2.2), die ich akzeptiere und zum Ausgangspunkt meiner pädagogischen Handlungen mache.

Zu allen Zeiten gab es verschiedene Auffassungen über Kinder und Jugendliche, und damit auch über Erziehung und Bildung. Fast allen gemeinsam war, dass das Kind als „Mängelwesen" gesehen wurde. Dieses galt es mit Hilfe pädagogischer Maßnahmen zu „erziehen". Dieses gängige Bild vom Kind hält sich mitunter noch heute und bestimmt das pädagogische Handeln:

- Das Kind ist von Geburt nicht fähig, das eigene Beste selbst zu spüren, es weiß nicht, was für es gut ist. Deshalb braucht es den Erwachsenen, der verantwortlich für das Kind entscheidet, was es braucht, was richtig und falsch und was das Beste für es ist.

Unterschiedliche pädagogische Konzepte versuchten deshalb, erfolgreich auf eine positive kindliche Entwicklung hin zu einem „richtigen Menschen" einzuwirken.

Das Bild der Schon-, Schutz- und Lernbedürftigkeit von Kindern verdeutlicht, dass Kindheit als eine eigenständige Entwicklungsphase verstanden wird. „Schonraum" betont eine Perspektive zum Schutz der Kinder vor Mangel und Gewalt sowie zur entwicklungsgemäßen Förderung. Schonraum bedeutet, dass Kinder individuelle Entfaltungsmöglichkeiten jenseits von äußeren Zweckstrukturen haben.

Neuere Forschungen haben uns die Augen geöffnet für das „kompetente Kind", das sich von Anfang an aktiv mit seiner Umwelt auseinandersetzt und sozial kooperiert. Aus seinen täglichen Beobachtungen, Erlebnissen und den Antworten, die es von seinen Bezugspersonen erhält, entwickelt es seine ganz persönliche Weltsicht. Kinder sind von klein auf daran beteiligt, Regeln, Sinn und Werte zu entdecken und sich aktiv anzueignen. Daher sind Erziehungs-, Lern- und Bildungsprozesse gemeinsame Leistungen von Kindern und Jugendlichen zusammen mit ihren Eltern, Geschwistern und vielen anderen Menschen, die ihr Leben anteilnehmend, erziehend, lehrend und beratend begleiten. Kinder betreiben von früher Kindheit an aktiv ihre Entwicklung und stehen dabei im Dialog mit den Menschen ihrer Umwelt.

Der veränderte Blick auf Kinder beinhaltet, Kinder als aktiv handelnde und wahrnehmende Subjekte aufzufassen. Damit wird das Bild von Kindheit als Schonraum verlassen und es wird versucht, zunehmend der Sicht von Kindern gerecht zu werden, als eigenständige Rechtsträger mit spezifischen Bedürfnissen.

Kinder und Jugendliche sind in dieser Sichtweise weder passive Empfänger von Entwicklungsreizen, noch beliebig formbar, wie bisweilen auch heute noch geglaubt wird. Heute wissen wir, dass ein Kind von Anfang an „sozial intelligent handelt" und seiner Welt „selbst" Sinn und Bedeutung zuschreibt. Hier ist es „aktiver Mitgestalter" seines Wissens, seiner Kultur und seiner eigenen Identität.

Jedes Kind hat Ressourcen bzw. Stärken, über die es in seiner Lebenssituation verfügen kann. Dabei ist das Kind abhängig von Zutrauen, Vertrauen, dem Interesse und der engagierten Unterstützung von Menschen, die bereit sind, seine Stärken zu sehen und in der Lage sind, daran pädagogisch anzuknüpfen.

Nach dem der Kinder- und Jugendarbeit zugrunde liegenden Kinder- und Jugendhilfegesetz (KJHG) § 1 hat „jeder junge Mensch ein Recht auf Förderung zu einer eigenverantwortlichen und gemeinschaftsfähigen Persönlichkeit". Damit wird eindeutig ein Bild vom Kind und Jugendlichen gekennzeichnet, das an die in den Kapiteln 2.1 und 2.2 aufgezeigten Bedürfnisse und Rechte anknüpft und das grundlegend für Bildung und Erziehung ist: Autonomie, d. h. Selbstwirksamkeit, Selbstbestimmung auf der einen und Bindung und Zugehörigkeit auf der anderen Seite.

Eigenverantwortlichkeit und Autonomie bedeuten auch, Kinder und Jugendliche in ihren Fähigkeiten zu unterstützen und anzuregen, anderen Autonomie zuzugestehen. Gemeinschaftsfähigkeit schließt die Fähigkeit zur Anerkennung von Verschiedenheit und die Fähigkeit zu einem anerkennenden Umgang mit Verschiedenheit ein.

Das Menschenbild, das Bild des Kindes und des Jugendlichen, ist unlösbarer Bestand des pädagogischen Handelns und es begleitet oder begründet das pädagogische Tun. Unterschiedliche Menschenbilder können zu unterschiedlichen Erziehungsauffassungen führen. Es gibt keine Erziehung ohne die Vorstellung eines bestimmten Menschenbildes. Grundannahmen zum Menschen, zum Kind und Jugendlichen leiten unser pädagogisches Handeln. Unterschiedliche Bilder von Erziehung lassen sich letztendlich auf zwei Grundverständnisse zurückführen, die in der pädagogischen Diskussion in Vergangenheit und Gegenwart eine tragende Rolle spielen:

- Erziehung wird einerseits als „herstellendes Machen", analog zur handwerklichen Produktion eines Gegenstandes beschrieben. Der Pädagoge gleicht einem Handwerker, der einen angestrebten Zweck mit Hilfe bestimmter Mittel und Methoden handeln anstrebt.
- Erziehung geht als „begleitendes Wachsenlassen" von einem Bild des Pädagogen als Gärtner aus. Das Kind entfaltet sich auf eine mehr oder weniger natürliche Art selbst. Der Pädagoge hilft pflegend und schützend bei einem Entwicklungsprozess, der – als ein natürlicher – von selbst geschieht.

Immer erzeugt das Menschenbild eine bestimmte Haltung, die dem Kind oder Jugendlichen gegenüber eingenommen wird.

Abschließend wird das humanistische Menschenbild als Grundlage einer Pädagogik beschrieben, die Bedürfnisse und Rechte von Kindern und Jugendlichen zum Ausgangspunkt macht. Die Auswirkungen einer humanistischen Haltung im Schulunterricht zeigen zum Beispiel die skandinavischen Schulen, die gerade mit ihrer menschlichen Atmosphäre und Haltung hohe Leistungen bei den Schülern erzielen. So berichtet ein Vater über den Unterschied zwischen dem deutschen und finnischen Schulsystem: „In der deutschen Schule müssen die Kinder die Lehrer verstehen, in der finnischen bemühen sich die Lehrkräfte, die Kinder zu verstehen". Die skandinavischen Schulen zeichnen sich gerade nicht durch Leistungsdruck, sondern durch eine klare humanistische Orientierung aus: „Respekt, Kinder niemals beschämen …" – so der Beginn des Kommentars zu einem Film über die finnischen Schulen.

Wichtig ist, den ganzen jungen Menschen wahrzunehmen. Das Kind, den Jugendlichen nicht zu begreifen als „Mängelwesen", das man zu einem Ganzen machen muss, erst mit dem Mörser zerstampft oder wie ein Gärtner so lange herumschneidet, bis es ein anständiges Bäumchen wird. Kinder und Jugendliche sind fertige Menschen, zu jeder Zeit, und der Respekt vor ihnen ist die Basis von Erziehung und Bildung, wenn sie wirklich gelingen soll.

Das humanistische Menschenbild greift die Bedürfnisse und die daraus abgeleiteten Rechte von Kindern und Jugendlichen auf und betont

- das **Positive des Menschen** (die grundsätzliche Offenheit und Kreativität, im Gegensatz zur Annahme, Erziehung müsse das „eigentliche Böse" des Menschen unterdrücken, ausmerzen),

- die **Ressourcenorientierung** statt der Defizitorientierung (es wird in der Schule, im Verein oder anderswo mit den vorhandenen Kräften gearbeitet, die genutzt, ausgebaut und gestärkt werden, statt sich auf vermeintliche oder tatsächliche Defizite zu konzentrieren),

- die prinzipielle **Entscheidungsmöglichkeit** und Freiheit (Autonomie und Selbstbestimmung),

- die prinzipielle **(Eigen-)Verantwortlichkeit** sich und anderen gegenüber von Anfang an (statt angenommener Orientierungslosigkeit, die durch Erziehung überwunden werden muss),

- die **Sinn- und Zielorientiertheit,** die Menschen von Anfang an leitet, so dass Kinder und Jugendliche danach suchen, worin sie für sich selbst einen Sinn sehen und wo sie sich für die Gemeinschaft nützlich fühlen können.

Dieses Menschenbild geht davon aus, dass der Mensch ist und gleichzeitig so wird, wenn wir ihm eine solche Haltung konsequent und überzeugend entgegenbringen können. Die sich selbst erfüllende Prophezeihung gelingt, weil diese Eigenschaften und Bereitschaften in jedem Menschen angenommen werden können. Der Glaube an einen (jungen) Menschen erhöht die Chance, dass dieser letztlich selbst an sich glauben und Kräfte aktivieren kann, die er zur positiven Gestaltung seines Lebens braucht.
Eine vom humanistischen Menschenbild geprägte Pädagogik ist darauf konzentriert, geeignete Bedingungen zu schaffen, um ein Wachstum in Richtung Selbsterkenntnis und Selbstverwirklichung zu ermöglichen.
Es geht folglich in Erziehung und Bildung um die Öffnung geeigneter Räume und Möglichkeiten, in denen Kinder und Jugendliche sich entwickeln, ihren Sinn aus sich heraus erleben und leben können.

Nachdenken

Welches Menschenbild, welches Bild von Kind und Jugendlichen mache ich zur Grundlage meiner Einschätzungen und meines Verhaltens?

Welches ist mein „Bild vom Kind" heute? Was habe ich von meinen Eltern, Erziehern, Lehrern, anderen übernommen bzw. abgelegt?

Habe ich ein Kind oder einen Jugendlichen so betrachtet, dass es/er kein „Mängelwesen" ist, sondern eine vollwertige Persönlichkeit? Begegne ich ihm gleich-würdig und nehme ich wahr, was es/er mit seinen Mitteln zum Ausdruck bringt?

Welche Merkmale des humanistischen Menschenbildes sind mir vertraut und bestimmen meine pädagogische Praxis?

3   Entwicklung und Entwicklungsaufgaben von Kindern und Jugendlichen

Wie lässt sich Entwicklung von Kindern und Jugendlichen beschreiben?

Welche zentralen Themen stellen sich als Entwicklungsaufgaben in den verschiedenen Altersgruppen?

Entwicklungsaufgaben spiegeln sich in Fragen wie: Wer bin ich? Wer mag mich? Was kann ich? Wo gehöre ich hin? Wohin kann ich kommen?

Was sind die günstigsten Bedingungen für das Wachstum eines Kindes?
... wurde Alfred Adler einmal gefragt. Seine Antwort lautete:
Das Beste, was eine gute Fee einem Kind in die Wiege legen kann, sind Schwierigkeiten, die es überwinden soll.

3.1   Gelingende Entwicklung

Kinder und Jugendliche werden als Subjekte und nicht als Objekte der Fürsorge von Erwachsenen gesehen. Daraus ergibt sich ein Verständnis von Entwicklung, das von einem aktiven Lerner ausgeht, der mit seiner aktiven sozialen Umwelt in Wechselwirkung tritt.

Kinder und Jugendliche gelten in der aktiven Auseinandersetzung mit der Umwelt als Gestalter der eigenen Entwicklung. Sie sehen sich in jeder Lebensphase durch bestimmte Anforderungen herausgefordert, die es zu bewältigen gilt. Diese lassen sich als Entwicklungsthemen beschreiben. Sie sind nicht als unabhängige, isolierte Bereiche zu sehen, sondern miteinander verbunden und bedingen sich gegenseitig.

Die Entwicklungsthemen sind dabei nicht auf eine bestimmte Lebensphase beschränkt, sie können auch in späteren Abschnitten wieder auftauchen. Entwicklungsaufgaben können auf eine enge Zeitspanne beschränkt sein oder über einen längeren Zeitraum verlaufen. Entwicklungsaufgaben werden auch als kulturabhängig beschrieben. In anderen Kulturen stellen sich demgemäß andere Entwicklungsaufgaben. Einige Entwicklungsaufgaben, wie das Akzeptieren der körperlichen Erscheinung, sind universal und von einer Kultur zur anderen unverändert.

Entwicklung kann deshalb als lebenslanger und aktiver Prozess in der Bewältigung von Entwicklungsaufgaben in bestimmten Lebensphasen gesehen werden. Entwicklung wird demnach als ein Lernprozess aufgefasst, der sich über die gesamte Lebensspanne erstreckt und zum Erwerb von Fähigkeiten führt, die zu einer gelingenden Bewältigung des Lebens in einer Gesellschaft notwendig sind.

Entwicklungsaufgaben ergeben sich aus körperlichen Reifungsprozessen, gesellschaftlichen Erwartungen und persönlichen Zielsetzungen und Werten. Dies macht deutlich, dass Entwicklungsaufgaben auch einem ständigen sozialen und kulturellen Wandel unterliegen. Deshalb sind auch immer die sozialen Rahmenbedingungen zu betrachten. Persönliche Zielsetzungen und Wünsche werden zur treibenden Kraft für die aktive Gestaltung von Entwicklung. Entwicklungsaufgaben bewegen sich in einem Spannungsfeld zwischen persönlichen Bedürfnissen und gesellschaftlichen Anforderungen.

Im Laufe der Entwicklung müssen Kinder und Jugendliche sich mit altersentsprechenden Entwicklungsaufgaben auseinandersetzen. Darüber hinaus begegnen ihnen besondere Stress- und Bewältigungssituationen (z. B. Übergänge, Wohnungswechsel, Trennung und Scheidung der Eltern, Krankheit und Tod, usw.), die sie vor Herausforderungen stellen.

Von der Bewältigung dieser Aufgaben hängt es ab, ob die geistige, seelische, soziale und körperliche Entwicklung eher einen reibungslosen oder aber einen problematischen Verlauf nimmt. Die Bewältigung führt zum Erwerb von Fertigkeiten und Fähigkeiten, welche für eine zufriedenstellende und positive Lebensbewältigung in der Gesellschaft notwendig sind.

Durch die Bewältigung von Entwicklungsaufgaben ergibt sich eine Persönlichkeit, die über Fähigkeiten verfügt, welche für das Leben in der Gesellschaft benötigt werden. Eine erfolgreiche Bewältigung fördert die Persönlichkeitsentwicklung der jungen Menschen und ihre Integration in die Gesellschaft. Ein Misslingen hingegen führt zu Verunsicherungen im Selbstkonzept, zu körperlich-seelischen Beschwerden oder zu problematischem Risikoverhalten.

Das Selbstkonzept ist das komplexe und vielschichtige Wissen um unsere Erfahrungen, Gefühle, Bewertungen, Vorzüge und auch Nachteile. Alles was wir also über uns selbst denken und fühlen. Es bilden sich Vorstellungen über eigene Fähigkeiten und Eigenschaften, Verhalten und Handlungsmöglichkeiten aus. Es wird eine einfache Theorie über sich selbst, das Selbstkonzept, auch Selbstbild oder Selbstbewusstsein, entwickelt.

Das Selbstwertgefühl ist dann die Bewertung der einzelnen Aspekte unseres Selbst. Unsere Sportlichkeit, unsere Musikalität, unsere sozialen oder geistigen Fähigkeiten werden positiv oder negativ bewertet. So entsteht beispielsweise aus dem sozialen Selbstkonzept durch die Bewertungen des Selbstwertgefühls ein Selbstbild sozialen Rückhalts und sozialer Fähigkeiten.

Selbstkonzept und Selbstwertgefühl werden im Langzeitgedächtnis verankert und haben bleibende Auswirkungen auf unser Verhalten und Erleben, auf das was wir anstreben und vermeiden – letztlich auf unser Selbst. Sie können als Bausteine unserer Identität verstanden werden. Das Selbstkonzept lenkt die Wahrnehmung, wirkt als Rückhalt und steuert Verhalten. So ist das Selbstwertgefühl ein wichtiger Hinweis für das seelisch-soziale Wohlbefinden.

Die einzelnen Aspekte des Selbstkonzepts (z. B. das Selbstkonzept der sportlichen Fähigkeiten und der körperlichen Attraktivität) stimmen in großen Teilen mit den Entwicklungsaufgaben der einzelnen Lebensphasen überein. Sie stellen zentrale Bereiche der kindlichen und jugendlichen Entwicklung dar.

Damit wird klar, dass es bei der Förderung von Entwicklung, auch um die Förderung des Selbstkonzeptes im geistigen, körperlichen, sozialen und emotionalen Bereich geht. Ziel einer Förderung kann dann nicht nur in der zunehmend positiveren Selbsteinschätzung des geistigen, sozialen, körperlichen oder sozialen Könnens liegen. Es muss auch darum gehen ein – gemessen an der tatsächlichen Leistungsfähigkeit – positiv-wirklichkeitsnahes Selbstkonzept zu entwickeln. Dies bewahrt vor Fehleinschätzungen eigener Leistungen und ermöglicht eine angemessene Vorbereitung auf bevorstehende Aufgaben oder eine gezielte Auswahl der Aufgabenschwierigkeiten.

Das Selbstkonzept ist somit Voraussetzung für Handeln sowie die Einordnung und Bewertung von Erfahrungen (Erfolge, Misserfolge, Leistungen). Positives Selbstwerterleben zu ermöglichen wird damit zu einem zentralen Ziel der pädagogischen Beziehungsgestaltung.

Selbstwirksamkeit, d. h. die allgemeine Überzeugung von der eigenen Kompetenz, herausfordernde Situationen aktiv und positiv zu bewältigen, gilt als ein relativ stabiles Persönlichkeitsmerkmal. Erfolge tragen zum Selbstwirksamkeitsbefinden bei: Ich kann etwas, ich bewirke etwas. Sie fördern ein positives Selbstwerterleben.

Eine positive Ausprägung der Selbstwirksamkeit ist eine wichtige Bedingung, hohe Anforderungen überhaupt anzugehen, mit Anstrengung und Ausdauer zu verfolgen und erfolgreich zu gestalten. Selbstwirksame Kinder und Jugendliche sind widerstandsfähiger gegen Hindernisse und Misserfolge und sind motiviert, ihre Fähigkeiten auch bei Widerständen einzusetzen. Erfolgreiches Handeln werten sie wiederum als Hinweis auf die eigene Kompetenz. Selbstwirksamkeit und erfolgreiches Handeln bedingen sich gegenseitig.

Selbstwirksamkeit ist damit ein verbindendes Element zwischen dem Selbstkonzept einer Person und deren Handeln in herausfordernden Situationen. Eine Handlung wird ausgeführt, wenn zum Selbstkonzept eigener Fähigkeiten auch der Glaube an diese Fähigkeiten in besonderen Situationen kommt.

Eine positive Ausprägung von Selbstwirksamkeit ist u. a. für eine gelungene Bewältigung von Alltagsanforderungen, für das Lern- und Leistungsverhalten oder für die Stressbewältigung von Bedeutung. Allgemeine Selbstwirksamkeit bringt eine Einschätzung der generellen Lebensbewältigungskompetenz zum Ausdruck. Bereichsspezifische Selbstwirksamkeit richtet sich z. B. auf schulische, soziale oder musikalische Fähigkeiten.

Im Folgenden sollen nun Entwicklungsthemen bzw. Entwicklungsaufgaben vorgestellt werden, die für die Arbeit der Pädagogen in den Vereinen und Verbänden von Bedeutung sind. Die Beschränkung erfolgt dabei auf drei Lebensphasen, in denen diese überwiegend tätig sind.

3.2   Kinder im Alter von drei bis sechs Jahren

Lebensphase	Entwicklungsaufgaben
Kindheit **3–6 Jahre**	„Ich kann etwas" – *Tüchtigkeitsselbst* entwickeln

Soziale Entwicklung (Achtsamkeit):
- Auf andere Menschen zugehen und andere Menschen verstehen
- Von anderen Menschen akzeptiert und wertgeschätzt werden
- Beziehungen mit Gleichaltrigen und Freundschaften aufbauen
- Empfindungen und Bedürfnisse anderer wahrnehmen (Empathie)
- Sich mit dem eigenen Geschlecht identifizieren
- Wissen über eigene Bedürfnisse (Ich-Empfinden)
- Unterschiedliche Sichtweisen wahrnehmen
- Gehört werden, Interessen werden wahrgenommen
- Sich auf Hilfestellung verlassen können

Bewegungsentwicklung:
- Freie Bewegung erfahren
- Über den Körper lernen

Sprachentwicklung:
- Kommunikationsfähigkeit entwickeln
- Sprachliche Ausdrucksfähigkeit entwickeln
- Über Sprache Beziehungen eingehen
- Grundgefühle wie Trauer, Ärger, Ekel und Angst ausdrücken können
- Gelingende Aushandlungen in der Gruppe

Bewegung, Sprechen und Achtsamkeit im Sinne von sozialer Kompetenz stehen im Zentrum der Anforderungen des Kindergartenalters und deren Bewältigung hat Auswirkungen auf spätere Lebensphasen. Zwar zeichnen sich diese Entwicklungsbereiche schon in den ersten Lebensjahren ab, werden nun aber deutlich erweitert mit Auswirkungen auf die späteren Altersstufen. Der Übergang in den Kindergarten spielt hier eine entscheidende Rolle.

Die Entwicklungsbereiche sind eng miteinander verknüpft, nicht einfach aufeinander folgende Entwicklungsschritte. Man kann auch von einer sensiblen, d. h. prägsamen Entwicklungsphase sprechen, die der Unterstützung durch ein Umfeld bedarf. Da sind zum einen der Halt durch die Eltern oder andere Erwachsene und zum anderen die Auseinandersetzung mit Gleichaltrigen, die Neugier und Entdeckungsfreude anregt.

Kinder brauchen andere Kinder, um in der Auseinandersetzung mit Anderen unterschiedliche Interessens- und Gefühlslagen kennen zu lernen und den achtsamen Umgang mit ihnen zu erlernen. Sie brauchen andere Kinder, um ihre Fähigkeiten spielerisch miteinander zu vergleichen und sich gegenseitig Anlässe für Bewegung und Kommunikation zu geben.

Die Entwicklung der Kompetenzen in der Sozialentwicklung/Achtsamkeit wird als wichtige Grundlage für die Entwicklung sozialer Fähigkeiten in den nachfolgenden Altersphasen gesehen. Die Selbstständigkeit und Selbstbestimmung des Kindes kann sich besonders gut entwickeln, wenn es sich der Verbundenheit, Vertrautheit und Verlässlichkeit seiner Bezugspersonen gewiss sein kann.

Kinder müssen sich dabei als Gestalter des eigenen Handelns und damit in hohem Maße als selbstwirksam erleben können.

Die Förderung der Bewegungsentwicklung ermöglicht das Erfahren des eigenen Körpers. Freie Bewegung bedeutet, dass die Anlässe dazu vom Kind frei wählbar sind. Über körperliche Erfahrungen werden auch die geistigen und sozialen Entwicklungsbereiche angesprochen. Kinder im Kindergartenalter lernen wie von selbst. Sie tun dies, indem sie sich bewegen, indem sie ihren eigenen Körper und die sie umgebende Welt erfahren und zu meistern lernen.

Der Bewegungsdrang ist so stark wie nie. Das Kind erwirbt motorisches Wissen: wie es etwas tun muss, ohne sagen zu können, was es tut. Das Lernen in dieser frühen Zeit geht über den Körper. Es gibt keine seelische, keine geistige Entwicklung außerhalb des Körperlichen. Deshalb muss der Bewegung der Kinder große Aufmerksamkeit geschenkt werden.

Wesentlich ist, einem Kind das Bewusstsein und auch die Erfahrung zu vermitteln, dass es etwas kann. Deshalb beschreiben sich die Kinder auch mit dem, was sie können, weil das das Zentrum ihres Selbstverständnisses ist. In diesem Zusammenhang wird auch von einem Tüchtigkeitsselbst gesprochen. Tüchtigkeitsselbst meint, dass das Kind etwa ab drei Jahren eine Leistung, die es zustande bringt, sich selbst zuweist. Es ist stolz über seine Leistung und weiß: Das ist die eigene Tüchtigkeit.

Sie sind von ihrem Tatendrang so erfüllt, dass sie auch etwas schaffen wollen. Sie signalisieren: Hier bin ich, ich kann etwas, gib mir einfach „Futter" und zeige mir, wie ich Dinge noch mehr verändern, verbessern kann. Sie sind jetzt bereit, Aufgaben des Lebens zu meistern.

Über Sprechen gelingt es, Beziehungen zu anderen Menschen einzugehen und sich aktiv seiner Umwelt zuzuwenden. Die Sprachentwicklung stellt sich als ganzheitlicher Entwicklungsprozess dar, in dem Kinder auf sinnliche Anregungen, vertraute Personen und Situationen angewiesen sind. Das Kind lernt jetzt spielend sprechen, nicht nur die Wörter, sondern eine ganze Grammatik, deren Regeln es mit sechs Jahren vollkommen beherrschen kann.

Kinder müssen lernen, die Welt aus verschiedenen Perspektiven wahrzunehmen. Im Alter von etwa vier Jahren beginnen Kinder überhaupt wahrzunehmen oder zu begreifen, dass ihre Sichtweise und die der anderen eine unterschiedliche ist. Die neue Fähigkeit, das Denken von der Welt zu lösen, macht es Kindern dann auch möglich zu verstehen, dass andere Menschen andere Gedanken und Motive haben können und aus ihrer subjektiven Vorstellung heraus handeln. Mit vier Jahren beginnen Kinder das zu begreifen.

In diesem Alter nimmt das Spiel eine wichtige Rolle ein. Im Spiel lernt das Kind, seinen Körper und die physikalische Welt zu beherrschen. Im Spiel eignen sich Kinder Wissen an. Im Spiel können Kinder ihre Wünsche und Träume realisieren. In den „Als-Ob-Spielen" deuten sie einen Gegenstand um und benutzen ihn als Symbol. Spiele dienen dazu, in der Vorstellung Bedürfnissen zu entsprechen, die das Kind sonst nicht befriedigen kann. Dadurch werden auch seelische Erfahrungen – zum Beispiel Schwäche oder Abhängigkeit – verarbeitet. Für manche Kinder ist das Spiel auch eine Möglichkeit, traumatische Erlebnisse zu bearbeiten: Scheidung der Eltern, Verlust eines geliebten Menschen oder Vernachlässigung.

Ein zentrales Entwicklungsthema ist das Verhältnis von Bindung und Autonomie. Das Kind spielt immer wieder das Unabhängig-Werden, das Frei-werden, und ist natürlich trotzdem sehr stark auf Bindung angewiesen. Und in diesem Zwiespalt zwischen Bindung und Freiheit thematisieren sich viele Spiele. Kinder im Kindergartenalter streben nach Autonomie. Sie sind noch abhängig, aber durch das, was sie jetzt alles können, spüren sie bereits, wozu sie einmal fähig sein werden.

Je mehr Kinder über sich selbst und andere nachdenken können, desto mehr macht auch ihre emotionale Entwicklung einen Sprung. Über Gefühle zu sprechen beginnt zwischen dem zweiten und dritten Lebensjahr. Erwachsene benennen die Gefühle: Ich bin traurig. Du hast Angst. Kindergartenkinder kennen Basisemotionen wie Trauer, Ärger und Angst.

Ob allerdings ein Kind Gefühle benennen kann, hängt nicht zuletzt davon ab, wie sicher es sich vor allem im Verhältnis zu seiner Mutter fühlt. Sicher gebundene Kinder können ihre Gefühle ausdrücken. Gefühle werden also gelernt – sowohl, was man fühlt, als auch, welche Gefühle man wann wem gegenüber ausdrückt. Das Kind lernt auch, Gefühle für sich selbst zu behalten. Eines der wichtigsten Ziele ist es, dass Kinder lernen, ihre Impulse und Gefühlsäußerungen zu kontrollieren. Die emotionale Entwicklungsaufgabe für kleine Kinder ist es zu erkennen, dass derselbe Mensch gute und schlechte Seiten haben kann. Kinder brauchen Zeit, um bei sich selbst und bei anderen zwei Seiten sehen zu lernen. Aufgabe der Erziehung ist deutlich zu machen, welche Absichten andere Kinder haben, dann sind auch Kindergartenkinder in der Lage, in einem Konflikt zwei Seiten zu sehen. Diese Kompetenz lernen Kinder vor allem in einer Gruppe mit anderen Kindern. Die Gruppe ist der Ort des sozialen Lernens.

3.3   Kinder im Alter von sechs bis zwölf Jahren

Lebensphase	Entwicklungsaufgaben
Späte Kindheit 6–12 Jahre	„Ich bin, was ich kann" – *Fähigkeitsselbst* entwickeln

- Beziehungen mit Gleichaltrigen und feste Freundschaften aufbauen
- (Selbst-)Vertrauen in eigene Fähigkeiten entwickeln
- Sich mit männlichen und weiblichen Geschlechtsrollen auseinandersetzen
- Männliches und weibliches Rollenverhalten einüben
- Gleichgeschlechtliche Freundschaften aufbauen
- In der Gruppe zusammenarbeiten können
- Sich mit anderen (in der Gruppe) vergleichen
- Eine gelingende Balance zwischen Kooperations- und Wettbewerbsverhalten finden
- In der Gruppe beliebt sein
- Entwicklung angemessener Fähigkeiten, Konflikte zu lösen
- Mit Misserfolgserlebnissen umgehen können
- Grundlegende Fertigkeiten im Lesen, Schreiben und Rechnen entwickeln
- Mit schulischen Herausforderungen umgehen lernen
- Gefühlswahrnehmungen erweitern
- Auf emotionale Äußerungen reagieren und verstehen was andere wollen
- Gefühle beherrschen
- Gewissen, Moral und Wertprioritäten aufbauen

Erst im Grundschulalter erklären Kinder das, was sie können, als Ergebnis ihrer Fähigkeiten und ihrer Anstrengungen. Deshalb wird das Selbstbild von Grundschulkindern als Fähigkeitsselbst bezeichnet.

Mit dem Übergang zur Schule ergeben sich neue Herausforderungen: Jungen und Mädchen erfahren fortan definierte Leistungserwartungen von Schule und Elternhaus. Die gestiegene Selbstständigkeit und Mobilität von Kindern und die sich daraus ergebenden Freiheiten ermöglichen es auch, sich die eigene Lebenswelt jenseits von Familie und Schule anzueignen und diese zu gestalten.

Im öffentlichen Raum (auf Straßen und Spielplätzen etc.), in Vereinen und Verbänden (Sport, Musik etc.) und Jugendeinrichtungen können Kinder mit anderen Kindern in Kontakt treten, ihre Fähigkeiten erproben, Handlungsspielräume erweitern und sich aneinander messen.

Aus dieser Vielzahl von Beziehungsmöglichkeiten für Mädchen und Jungen, seien diese in der Schule oder in der Freizeit, ergibt sich eine Vielzahl von Herausforderungen.

Einem Großteil der Kinder gelingt es, sich die soziale Umwelt anzueignen, sie aktiv zu gestalten. Es werden hinsichtlich Selbstwirksamkeit und persönlichen Stärken unterschiedliche Erfahrungen gemacht. Daraus und aus dem Vergleich mit Gleichaltrigen entwickeln die Mädchen und Jungen zunehmend ihre Selbsteinschätzung und Selbstkonzept, ihre eigene Identität und ihr Verhältnis zum anderen Geschlecht und setzen sich mit den Geschlechtsrollen auseinander. Ein im Kindes- und Jugendalter aufgebautes positives Selbstwertgefühl wirkt im Sinne eines Schutzfaktors und hat deshalb für die weiteren Lebensphasen, speziell auch für die Umbruchphase (z. B. in der Pubertät) eine hohe Bedeutung.

Für die Entwicklung der Voraussetzungen, Mitmenschen auch langfristig als Freunde gewinnen zu können, sind die Grundschuljahre besonders wichtig. Positive Beziehungen zu Gleichaltrigen besitzen für die positive Entwicklung eines Kindes einen hohen Vorhersagewert. Durch freundschaftliche Beziehungen zu Gleichaltrigen versuchen Mädchen und Jungen ihr Selbstbild zu festigen. Freundschaften stellen für Kinder eine entscheidende Entwicklungsressource dar, die zwar gelungene Sozialbeziehungen zu Erwachsenen (vor allem die eigenen Eltern) nicht ersetzen, aber unter Umständen deren Mangel in einem erheblichen Ausmaß ausgleichen helfen können.

Die Bedeutung von positiven sozialen Beziehungen zu Gleichaltrigen als Schutzfaktor liegt darin, dass sie Nähe und Anerkennung bieten, welche die Entwicklung eines positiven Selbstwertgefühls maßgeblich beeinflussen.

Die Selbstkonzepte der Kinder im Kindergartenalter und im frühen Grundschulalter sind sehr auf Handlung ausgerichtet und auf Selbstwirksamkeitserfahrungen angewiesen.

Im Grundschulalter sind nun auch komplexere geistige Leistungen möglich. Kinder können jetzt lernen logisch zu denken, wissen, was sie können und was sie noch verbessern wollen. Deshalb wird von einem Fähigkeitsselbst der Grundschulkinder gesprochen: Sie glauben, dass sie über Fähigkeiten verfügen – und sie wissen, dass sie üben müssen, um gut zu sein. Kinder wollen ihren Platz im Gefüge der Gleichaltrigen finden. Schulkinder wollen wirkliche Aufgaben bewältigen. Sie wollen jetzt Spiele spielen, bei denen man Regeln kennen muss und gegeneinander antritt. Sie wollen lernen, ihren Körper und ihre Gefühle zu beherrschen.

Die zentrale Entwicklungsaufgabe ist die Entwicklung des Vertrauens in die eigene Kompetenz, das Selbstvertrauen. Das Kind will jetzt Ergebnisse seines Könnens sehen. Den anderen zeigen, was sie noch nicht können, und selbst zeigen, was sie können. Das leben Kinder im Wettkampf aus.

Die Gruppe ist aber nicht nur ein Ort des Wettbewerbs, sondern auch ein Ort des Zusammenhalts und der gemeinsamen Erfahrungen. Schulkinder bewerten die Gruppe, zu der sie gehören, meist positiv, denn sie schafft ein Gefühl von Zugehörigkeit und sozialer Identität. In der Gruppe wollen sie sich nicht nur vergleichen, sondern auch beliebt sein. Grundschulkinder schließen schon feste Freundschaften.

Die Geschlechtertrennung ist noch ganz stark. Mit fünf, sechs Jahren verstehen alle Kinder, dass sie ihr Geschlecht dauerhaft behalten werden. Nun identifizieren sie sich eindeutig als Junge oder Mädchen und üben in gleichgeschlechtlichen Freundschaften und typischen Spielen ihre Rollen ein. Erwachsene und ältere Kinder dienen dabei als Modell. Manche Muster, wie man zu sein hat, sind allerdings auch geschlechtsübergreifend.

Im Grundschulalter können Kinder nicht nur auf emotionale Äußerungen reagieren, sondern sie sind auch in der Lage zu verstehen, was ein anderer will.

Kleine Kinder benennen nur die so genannten „Basisemotionen", die sich im Gesichtsausdruck leicht erkennen lassen, wie Ärger, Trauer, Ekel oder Angst. Schulkinder aber erweitern das Spektrum ihrer Gefühlswahrnehmung, zum Beispiel um Eifersucht, Stolz, Scham oder Schuld. Die Entwicklung des Gefühlslebens hat mit den großen Entwicklungsaufgaben der ersten Schulzeit zu tun: zu wissen, was man kann; sich unter Gleichaltrigen zu behaupten und von ihnen akzeptiert werden.

3.4   Jugendliche im Alter von zwölf bis achtzehn Jahren

Lebensphase	Entwicklungsaufgaben
Jugend **12–18 Jahre**	„Wer bin ich?" – *Identität* entwickeln ***Den Körper spüren*** • Veränderungen der körperlichen Erscheinung akzeptieren • Den Körper bewohnen lernen • Geschlechtsreife bewältigen • Umgang mit Sexualität lernen ***Grenzen austesten*** • Spielräume im sozialen Netz zwischen Elternhaus, Schule, Gleichaltrigengruppe ausloten • Risikofähigkeiten erlernen ***Identität finden*** • Umbau der sozialen Beziehungen • Ablösung von den Eltern einleiten • Entdeckung des anderen Geschlechts • Beziehungen zu Gleichaltrigen beiderlei Geschlechts aufbauen • Akzeptiert werden wie man ist • Übernahme der männlichen und weiblichen Geschlechtsrolle festigen • Entwicklung eines angemessenen Selbst- und Körperbildes • Erwerb von stabilen Werten • Schulische Leistungsfähigkeit stärken • Berufsorientierung

Jugendliche stehen vor einer Reihe von Anforderungen, die sich unter den Aspekten „den Körper spüren, Grenzen austesten und Identität finden" zusammenfassen lassen. Die Identitätsentwicklung im Jugendalter ist eine Zeit des Übergangs und der Suche nach dem Neuen, die Frage nach dem richtigen Weg.

Durch die körperlichen Veränderungen in der Pubertät sowie Anerkennung beim eigenen wie beim anderen Geschlecht können starke Konflikte mit der eigenen Person, dem eigenen Körper und gegebenenfalls mit der eigenen sexuellen Orientierung entstehen. Aber auch der Beziehungsstress mit den eigenen Eltern im Aushandeln von Grenzen sowie im Kontakt mit Freunden nimmt zeitweise zu.

Es gehört auch dazu, mit den größeren eigenen Handlungsspielräumen und den vielfältigen neuen Eindrücken und Ausdrucksmöglichkeiten umgehen zu lernen.

Körpererfahrungen und Körpererleben werden in dieser Phase in vielfältiger Form zum Ausgangs- und Bezugspunkt von Wohl- und Unwohlbefinden, von positiver Weltzuwendung wie auch von quälenden Anstrengungen, von Krisen und neuen Risiken.

Jugendliche müssen ihre Grenzen erproben. Nicht nur die körperlichen und psychischen Veränderungen, sondern auch die sich öffnenden gesellschaftlichen Spielräume, erfordern das Ausloten der eigenen individuellen sowie der gesellschaftlich gesetzten Grenzen. Jeder Einzelne und jede Einzelne ist gezwungen, sich individuell ihren oder seinen Weg durch die zahlreichen Möglichkeiten zu bahnen.

Die zentrale Herausforderung der Jugendphase ist die Entwicklung einer eigenen Identität, die mit der Frage „Wer bin ich?" verknüpft ist. Damit sind für die Jugendlichen wesentliche Grund- und Sinnfragen angesprochen, die in dieser Lebensphase eine wichtige Rolle spielen. Betroffen ist auch die Geschlechtsidentität: Wer bin ich als Junge bzw. als Mädchen?

Die Pubertät ist eine stürmische Phase der Veränderung und bezeichnet die körperlichen Veränderungen. Adoleszenz meint alle jene sozialen und seelischen Prozesse, für die die Pubertät, also die körperliche Veränderung, die körperlichen Reifungsprozesse, der Auslöser sind.

Eine vermutlich durch Anlage gesteuerte biologische Uhr löst im Gehirn von Kindern die Ausschüttung von Sexualhormonen aus und setzt die körperlichen Veränderungen der Pubertät in Gang. Der biologische Mechanismus ist bei Jungen und Mädchen gleich.

Der Hormonschub löst Umbauprozesse im Gehirn aus. Wie auf einer Baustelle werden in der Pubertät alte Verknüpfungen abgerissen und neue gelegt. Gerade das Frontalhirn, zuständig für Pläne und Abwägen, gerät in dieser Zeit in Unordnung. Im Frontalhirn sind Netzwerke zur Kontrolle des eigenen Verhaltens angelegt. Die Jugendlichen müssen in dieser Lebensphase viel „verarbeiten". Die Hirnregionen, die für das Bewältigen der körperlichen Veränderungen zuständig sind, reifen als Erste. Und erst wenn dieser Prozess abgeschlossen ist, entwickeln sich der Verstand und die soziale Fähigkeit. Erst mit etwa 20 Jahren ist dieser Umbauprozess im Gehirn abgeschlossen – also Jahre nach der Geschlechtsreife.

Mit 10, 11 Jahren beginnen bei Mädchen die ersten Pubertätszeichen. Schamhaare wachsen und die Brüste fangen an, sich zu wölben. Etwa mit 13 Jahren setzt die erste Regelblutung, die Menarche, ein; in den ersten Jahren noch sehr unregelmäßig und oft, ohne dass die Mädchen einen Eisprung haben. Mit 16, 17 ist die körperliche Reife im Schnitt abgeschlossen, in den Großstädten eher als auf dem Land. Studien sprechen dafür, dass die Pubertät einmal bei Mädchen eine Zeit großer Verunsicherung, aber auch eine Zeit von Neugestaltung und Aufbruch ist. Ganz entscheidend ist, wie die körperlichen Veränderungen der Pubertät dann integriert werden können in ein neues Selbstbewusstsein. Das subjektive Körperempfinden hat auch eine soziale Komponente. Mädchen, die sich in ihrem Körper unwohl fühlen sind weniger beliebt, werden öfter gehänselt und haben mehr soziale Probleme.

Jungen sind im Verhältnis zu den Mädchen Spätzünder. Die Pubertät beginnt ein, zwei Jahre später als bei den Mädchen. Mit 12, 13 sprießen die ersten Haare unter den Achseln und im Schambereich, mit 14, 15 kommen sie in den Stimmbruch und erleben den ersten Samenerguss. Regelmäßig rasieren müssen sie sich erst mit 18,19. Dann ist auch die Geschlechtsreife bei ihnen abgeschlossen.

Der Kontakt mit Gleichaltrigen ist oft raubeinig, aggressiv und auf Wettbewerb getrimmt. Für die Jungen ist spezifisch die Gefahr eines Auseinanderklaffens von nach außen gezeigter Unabhängigkeit und Stärke und Gefühlen von Schwäche, Leiden, Hilflosigkeit, Abhängigkeit, die aber nicht gezeigt werden können und dürfen, weil sie einem positiv besetzten Bild von Mannsein widersprechen. In der Adoleszenz wird eine zweite Wirklichkeit geschaffen.

Für die Jungen ist ein ganz zentrales Thema, dass traditionelle Männlichkeitsbilder brüchig geworden sind, das die Jungen sehr verunsichert. Aber es gibt kein neues positiv besetztes Bild von Männlichkeit. Deswegen schwanken die Jungen zwischen traditionellen Männlichkeitsbildern und gleichzeitig dem Wissen, dass das sozial nicht erwünscht ist.

In der Jugendphase ist die Selbstfindung und die Entdeckung des anderen Geschlechts im zentralen Mittelpunkt von allen Jugendlichen. Gefällt man sich selber, wie man ist? Gefällt man den anderen? Ist man besser als die anderen? Kommt man bei den Mädchen gut an, bei den Jungen gut an? Das ist ein zentrales Thema – das war früher so, das ist heute so und das wird morgen so sein.

Junge Menschen in der Adoleszenz suchen existenzielle Herausforderungen, um ihre Kräfte, Hoffnungen und Grenzen zu erfahren. Es geht natürlich darum, Risikokompetenzen zu erlernen. Das tut auch die überwiegende Zahl der Jugendlichen. Sie probieren und bleiben gar nicht dabei. Jugendliche, vor allem die männlichen, sind oft Draufgänger, die sich selbst gefährden. Sie verunglücken mit dem Auto, Motorrad oder beim Sport. Dabei wollen die Jugendlichen eigentlich meist nur eines: akzeptiert werden, so wie sind und einen Platz in der Gesellschaft finden. Wie Untersuchungen herausfanden, sind Jugendliche zunehmend verunsichert und bewerten ihre Zukunft und die der Gesellschaft eher düster. Gleichzeitig ist jung und fit zu sein ein Ideal, dem auch viele Erwachsene nachstreben. Mode, Sport, Musik – was bei der Jugend „in" ist, wird schnell vermarktet und bald Massengeschmack. So haben Jugendliche immer weniger Möglichkeiten, ihre eigene Welt aufzubauen und sich von Erwachsenen abzugrenzen. Aber genau dazu drängt es sie. Ihre Abgrenzungsversuche werden deshalb immer subtiler und drastischer zugleich.

Um eine stimmige Identität auszubilden, suchen und brauchen Jugendliche Herausforderungen und Grenzen. Sie benötigen genügend soziale Lern- und Erfahrungsräume auch jenseits von Schule und Elternhaus, in denen sie zum einen den eigenen Körper und die eigene Sexualität ausprobieren und spüren können. Sie brauchen diese auch, um zu lernen, ihren Körper anzunehmen und zu „bewohnen" statt sich, wie v. a. bei Mädchen zu beobachten – oft verstärkt durch mediale Vorbilder –, besonders mit den vermeintlich negativen Aspekten des eigenen Körpers zu beschäftigen.

Sie brauchen weiterhin genügend Möglichkeiten, um in ihrem Freundeskreis ihren jugendkulturellen Interessen und Praxen nachzugehen, die ihnen Abgrenzung und die Ausbildung von Eigenständigkeit ermöglichen. Der Austausch mit der Gleichaltrigengruppe ist wichtig. Bei Gleichaltrigen sucht man Orientierung, Halt und Bestätigung.

Jugendliche sind in dieser Altersphase mit der unumgänglichen Herausforderung konfrontiert, einen für sie stimmigen Ausgleich zwischen ihren Vorstellungen und Bedürfnissen und den hierfür vorhandenen Möglichkeiten und Grenzen zu finden. Die Jugendphase ist ein Abschnitt mit einschneidenden körperlichen und seelischen Veränderungen. Sie ist eine konflikthafte Zeit, die geprägt ist durch Abgrenzungstendenzen gegen die elterliche Autorität und durch die große Bedeutung der Zugehörigkeit zur Gleichaltrigengruppe.

Die Jugendphase ist geprägt von Entwicklungen und Veränderungsprozessen, die zunächst äußerlich wahrnehmbar sind, aber vor allem innerlich viel bewegen. Der aufgezeigte Katalog von Entwicklungsaufgaben macht deutlich, welche Anforderungen Jugendliche bewältigen müssen. Inwiefern sind Jugendliche in der Lage, diese zu bewältigen? Klar ist, dass eine positive Bewältigung zu einer stabilen Persönlichkeitsentwicklung führt. Gemeint ist der Aufbau eines positiven Selbstbildes, das aus Selbstwahrnehmung, Selbstbewertung und Selbstreflexion besteht und eine wichtige Voraussetzung für die Entwicklung der eigenen Ich-Identität darstellt.

Um mit den sich anbietenden riskanten Freiheiten zurechtzukommen, brauchen Jugendliche auch hier Lebenskompetenzen (z. B. Gesundheitswissen und Medienkompetenz), die ihnen neben dem Elternhaus z. B. in der Schule und in den Angeboten der Jugendarbeit vermittelt werden können. Insgesamt brauchen Jugendliche Lebens- und Erfahrungsräume, wie sie ihnen beispielsweise auch in Form der (offenen) Kinder- und Jugendarbeit zur Verfügung stehen.

Nachdenken

Wie kann ich sensibel mit den Entwicklungsthemen der verschiedenen Altersstufen umgehen?

Welche Möglichkeiten habe ich, Kindern und Jugendlichen begleitend bei der Bewältigung der verschiedenen Entwicklungsaufgaben zur Seite zu stehen?

Welche Chancen sehe ich durch meine Arbeit Erfahrungs- und Entwicklungsräume zur Verfügung zu stellen, die positive Identitätsentwicklung ermöglichen.

Unterstütze ich Kinder und Jugendliche in „schwierigen" Entwicklungsphasen? Biete ich Räume und Zeiten des Rückzugs mit der Gleichaltrigengruppe?

Gibt es Vertrauenspersonen, mit der Kinder und Jugendliche über Probleme im Elternhaus, in der Schule sprechen können?

4   Vereine und Verbände als Lebens- und Bildungsorte für Kinder und Jugendliche

1. Den Vereinen und Verbänden wird eine wichtige Rolle im Prozess des Aufwachsens von Kindern und Jugendlichen und bei der Herausbildung einer eigenständigen Persönlichkeit zugeschrieben.

2. Ein „anderes Lernen" und die damit verbundenen informellen Lernprozesse können die Fähigkeiten vermitteln, die Kinder und Jugendliche benötigen, um sich unter den veränderten Bedingungen des Aufwachsens zurechtzufinden.

3. Die Entfaltung des (Bildungs-)Potenzials von Vereinen und Verbänden ist abhängig von der Art und Qualität seiner Gestaltung.

Bildung ist das, was übrig bleibt,
wenn das Gelernte wieder vergessen wurde.

Hartmut von Hentig

Erziehung ist nicht als Machen, Formen, Lenken, Beibringen denkbar,
sondern eben nur als Erleichtern, Unterstützen und Herausfordern.

Rolf Göppel

4.1   Aufgaben und Leistungen der Kinder- und Jugendarbeit

In der Kinder- und Jugendarbeit reicht die Vielfalt der Bildungsangebote in der Praxis vom „zur Verfügung stellen" von Räumen über konkrete Projekte und Aktionen bis zu Kursen und ausgewiesenen Bildungsangeboten in Jugendbildungsstätten und der Praxis der Vereine und Jugendverbände. Die Arbeit der Vereine und Verbände wird fast ausschließlich von ehrenamtlichen Pädagogen getragen.
Das Achte Buch des Sozialgesetzbuches (SGB VIII) – Kinder- und Jugendhilfegesetz (KJHG) – bietet die gesetzliche Basis zur Schaffung gerechter Lebensbedingungen für alle Kinder und Jugendlichen. In ihm ist auch die Kinder- und Jugendarbeit geregelt.

Die Kinder- und Jugendhilfe hat „durch geeignete Angebote dem Recht junger Menschen auf Förderung ihrer Entwicklung und auf Erziehung zu eigenverantwortlichen und gemeinschaftsfähigen Persönlichkeiten" (§ 1 Abs. 1 SGB VIII) Ausdruck zu verleihen.

Sie soll junge Menschen in ihrer individuellen und sozialen Entwicklung fördern, dazu beitragen, Benachteiligungen zu vermeiden oder abzubauen (§ 1 Abs. 3 Satz 1 SGB VIII), und positive Lebensbedingungen für junge Menschen und ihre Familien sowie eine kinder- und familienfreundliche Umwelt erhalten oder schaffen (§ 1 Abs. 3 Satz 4 SGB VIII). Alle Leistungen sollen interkulturell ausgerichtet sein sowie Mädchen und Jungen in spezifischer Weise fördern (§ 9 Abs. 3 SGB VIII). Die Kinder und Jugendlichen sind an Entscheidungen zu beteiligen (§ 8 SGB VIII) und die Angebote sollen von ihnen mitbestimmt werden (§ 11 SGB VIII).

Die Kinder- und Jugendarbeit hat einen eindeutigen Bildungsauftrag. Ihre Aufgabe ist es, die Entwicklung junger Menschen zu fördern, indem entsprechende Angebote zur Verfügung gestellt werden. Ausgangspunkt sind ihre Interessen, diese sollen von Kindern und Jugendlichen mitbestimmt und mitgestaltet werden. Die Angebote sollen zur Selbstbestimmung befähigen, zur gesellschaftlichen Mitverantwortung und zu sozialem Engagement hinführen (§ 11 Abs. 1 SGB VIII). Insgesamt betonen sowohl das Bundesgesetz (KJHG, SGB VIII) als auch die Ausführungsgesetze der einzelnen Bundesländer die Förderung der Persönlichkeitsentwicklung mit dem Ziel, zu Selbstbestimmung und gesellschaftlicher Teilhabe zu befähigen.

Wesentliche Merkmale einer bildungsorientierten Kinder- und Jugendarbeit sind:

- Der Angebotscharakter als Voraussetzung für die Entwicklung eigenständiger Selbstbestimmung und Beteiligung.
- Die Interessenorientierung (Auswahl der Inhalte und deren Umsetzung durch Mitbestimmung und Mitgestaltung).
- Die Selbstbestimmung und gesellschaftliche Mitverantwortung.

Diese Zielsetzungen kommen z. B. in folgendem Schwerpunkt zum Tragen:

- Jugendarbeit in Sport, Spiel und Geselligkeit.

Schwerpunktmäßig wird in den Vereinen und Verbänden kulturelle, politische, sportliche und technisch-handwerkliche Bildung angeboten. Aus der Sicht der Kinder und Jugendlichen steht die Vermittlung sozialer und personaler Kompetenzen in allen Angebotsformen im Vordergrund. Die Gründe für die Teilnahme an den Angeboten liegen mehrheitlich darin, mit Freunden Spaß zu haben und sich mit Gruppen und Gleichaltrigen zu treffen. Darüber hinaus machen die Selbstwirksamkeit und selbstaktive Bildungsgelegenheiten neben den Themen, Inhalten und Kompetenzen das jeweilige Profil aus. Das handlungs- und erfahrungsorientierte Lernen ist ein weiteres Merkmal. Charakteristisch für die Vereins- und Verbandsarbeit ist, dass ein spezielles Medium die Verbindung zwischen Pädagogen und Kinder/Jugendlichen herstellt: das „gemeinsame Dritte". Dies bedeutet, dass Pädagoge und Kinder/Jugendliche über ein gemeinsames Interesse oder eine Aktivität (Musik, Sport, Klettern, Malen, …) zusammenkommen, die zum Ausgangspunkt einer Beziehungsentwicklung wird. Es ist eine gemeinsame und produktive, zur Eigentätigkeit herausfordernde Aktivität, die eine gleichberechtigte Teilhabe der Kinder und Jugendlichen voraussetzt. Beide Seiten teilen ein erfahrungs- und handlungsorientiertes Bildungspotenzial. Der Pädagoge ist mit seiner Person einbezogen.

Im Unterschied zur Schule ist dieser „Lerngegenstand" von den Kindern und Jugendlichen ausgewählt, sie haben sich freiwillig für die Teilnahme entschieden.

Diese Art Bildungsprozesse zu ermöglichen und zu fördern, unterscheidet die Kinder- und Jugendarbeit von anderen Bildungsorten, wie z. B. die Schule. Der Bildungsanspruch der Kinder- und Jugendarbeit wird zu Recht gestellt. Sie hat eigenständige Bildungsaufgaben, sowohl rechtlich als auch konzeptionell. Mit ihren Angeboten möchte sie soziale und personale Kompetenzen fördern, wie sie in den Entwicklungsaufgaben formuliert sind (Kap. 3).

Bestimmte Personengruppen haben geringere Chancen, das Bildungsangebot der Kinder- und Jugendarbeit zu nutzen. Dazu gehören Kinder und Jugendliche, die zu den so genannten Risikogruppen des schulischen Bildungssystems gehören, aber auch durch ihre erschwerten Lebenslagen keinen Zugang finden (Kap. 1).

4.2   Das „andere Lernen" in der Kinder- und Jugendarbeit

Es ist nicht möglich zu unterrichten.
Aber es ist möglich, Situationen und Gelegenheiten herzustellen,
die es unmöglich machen, nicht zu lernen.

Quelle unbekannt

Mit „Bildung ist mehr als Schule" soll zum Ausdruck gebracht werden, dass Bildungsprozesse von Kindern und Jugendlichen weitaus weniger ortsgebunden sind, als oft unterstellt, d. h. dass sie diesseits und jenseits der Schule und des Unterrichts ablaufen.

Keine Bildungseinrichtung und Bildungsform kann für sich allein die Begleitung von Kindern und Jugendlichen in einer durch Vielfalt geprägten Gesellschaft sicherstellen und damit den Herausforderungen des Aufwachsens heute gerecht werden.

70 bis 80 Prozent des für den Lebenserfolg entscheidenden Wissens wird in außerschulischen Zusammenhängen begründet.

Bildung ist kein Privileg der Schule. Sie entfaltet sich jenseits geplanter und pädagogisch gestalteter Prozesse. Sie umfasst auch die gelungene Bewältigung des Alltags und ist eine Ressource der Lebensbewältigung. Das „erweiterte Bildungsverständnis" erfasst Bildung nicht nur in ihrer schulischen Form, sondern als umfassenden, ganzheitlichen Prozess der persönlichen Entwicklung.

Junge Menschen in diesem Sinne zu bilden ist nicht allein Aufgabe der Schule, als Ort der formalen Bildung. Gelingende Lebensführung und soziale Eingliederung bauen ebenso auf Bildungsprozessen in Familien, Tageseinrichtungen, Kinder- und Jugendarbeit und der beruflichen Bildung auf. Auch wenn der Institution Schule ein zentraler Stellenwert zukommt, reicht Bildung jedoch weit über Schule hinaus.

Bildung ist die Grundlage für eine erfolgreiche, selbstbestimmte, zielgerichtete und umfassende Lebensgestaltung und bedeutet die optimale Ausbildung der individuellen Anlagen jeder Persönlichkeit. Bildung ist von zentraler Bedeutung für das Individuum und für die Gesellschaft als Ganzes.

Betreuung umfasst die physische Versorgung, Ernährung und Pflege von Kindern und Jugendlichen, meint aber auch die Unterstützung und Hilfe, Zuwendung, Sorge und den Aufbau von Bindung sowie einer persönlichen Beziehung („Beziehungsarbeit"). Damit sind Funktionen betont, die für Bildungs- und Erziehungsprozesse unabdingbar sind.

Erziehung ist Recht und Pflicht der Eltern, jedoch ist es immer weniger selbstverständlich, dass diese von den Eltern umgesetzt werden kann. Eine zunehmende Erziehungsunsicherheit ist festzustellen, die es den Eltern immer schwerer macht, ihrem Erziehungsauftrag gerecht zu werden. Erziehung wird oft als beabsichtigtes Einwirken eines Pädagogen auf einen zu Erziehenden gesehen. Erziehung meint aber die Unterstützung und Begleitung, Anregung und Herausforderung der Bildungsprozesse durch Eltern und andere Personen. Sie bedeutet aber auch Förderung und Herausforderung des jungen Menschen, die ihn in seiner geistigen und charakterlichen Entwicklung befähigen soll, sozial und als selbstständiger Mensch eigenverantwortlich zu handeln. Die Erziehung geschieht aber auch auf indirekte Weise durch das Beispiel und durch die Gestaltung von sozialen Beziehungen, Situationen und Räumen.

Bildung, Betreuung und Erziehung stehen in einem inneren Zusammenhang. Über sie sollen Kinder und Jugendliche in die Lage versetzt werden, ihren eigenen Lebensweg zu gehen und ihre Lebensführung kompetent zu regeln. Sie erfolgen in der Schule, der Familie, in Einrichtungen und Angeboten der Kinder- und Jugendhilfe sowie in der Gleichaltrigen-Gruppe.

Formale Bildungsorte für Kinder und Jugendliche sind in erster Linie die Schulen.

Vereine und Verbände sind **nonformale Bildungsorte.** Sie können als ein geplantes Programm für die persönliche und soziale Bildung von Kindern und Jugendlichen beschrieben werden. Sie haben das Ziel, außerhalb und ergänzend zu formalen schulischen Lehrplänen eine Vielfalt der Förderung von Fähigkeiten und Fertigkeiten anzubieten. Die Teilnahme ist freiwillig.

Das **informelle Lernen** setzt sich vom **formalen Lernen** insbesondere dadurch ab, dass es in aller Regel von den individuellen Interessen der Kinder und Jugendlichen gesteuert ist. Es ist meist ungeplant, beiläufig, unbeabsichtigt, jedenfalls nicht organisiert. Es ist freiwilliges Selbstlernen in unmittelbaren Zusammenhängen des Lebens und des Handelns. Infolgedessen können entsprechende Lern- und Bildungsprozesse innerhalb wie außerhalb der formalen Bildungseinrichtungen zustande kommen.

In Vereinen und Verbänden können sowohl formelle als auch informelle Lernprozesse stattfinden. Formelles Lernen vollzieht sich z. B. hauptsächlich in der Übungsstunde, wenn zielgerichtet ein Lernergebnis (z. B. Sport, Musik, Theater) angestrebt wird, das durch die gezielte Gestaltung durch den Pädagogen ermöglicht wird. Dagegen ist informelles Lernen meist ungeplant, beiläufig und unbeabsichtigt. So kann eine Gruppe eigenständig einen Ausflug organisieren und holt dafür Erkundigungen ein, entwickelt Pläne, stimmt diese mit dem Vorstand ab und führt die Fahrt eigenverantwortlich durch.

Vereine und Verbände als nonformale Bildungsorte können für informelles Lernen günstige Rahmenbedingungen zur Verfügung stellen. Sie sind Sozialräume, die spezifische Erlebnis- und Erfahrungsräume bieten. Sie stellen Knotenpunkte im Netzwerk sozialer Kontakte dar. In ihnen werden Räume für Gleichaltrige angeboten. Sie gründen auf Freiwilligkeit und sind auf Beteiligung ausgerichtet.

Gerade für die Kinder- und Jugendarbeit der Vereine und Verbände ist es wichtig, festzustellen,

- dass bewusste und unbewusste Formen des Lernens außerhalb formalisierter Bildungsinstitutionen (z. B. Schulen) stattfinden,
- dass das Lernen in der Lebenspraxis bunt, vielfältig, ungeplant, unsystematisch, zufällig sein kann,
- dass umfassender Kompetenzerwerb für die Lebensbewältigung in der modernen Gesellschaft möglich ist,
- dass 70–80 Prozent aller Lernprozesse informeller Art sind.

Kinder und Jugendliche begegnen in Vereinen und Verbänden **Gleichaltrigengruppen,** die für ihre Entwicklung vielfältige Funktionen übernehmen, so z. B. im Zusammenhang mit der Bewältigung von Entwicklungsaufgaben (Kap.3)

- als Erfahrungsfeld im Übergang von der Herkunftsfamilie in ein eigenständiges Netz sozialer Beziehungen,
- als ein Ort vielfältiger Aktivitäten und Unternehmungen (z. B. Freizeit, Geselligkeit, Partnerschaft, sportliche und kulturelle Betätigungen).

Das informelle Lernen in Gleichaltrigengruppen bezieht sich auf die vielfältigen sozialen Situationen sowie den Erwerb von sozialen Kompetenzen wie:

- Kontakt finden und pflegen,
- Sich-Ausprobieren und Sich-Einbringen,
- Sich-Abgrenzen und Sich-Durchsetzen,
- Zuhören.

4.3   Erfahrungs- und Bildungsräume in der Kinder- und Jugendarbeit

Kennzeichnende Strukturmerkmale von Vereinen sind die ehrenamtliche Mitarbeit, die grundlegende Bedeutung der Pädagogen sowie die Selbstorganisation.

Die Bildungswirksamkeit kann in besonderem Maße dort entfaltet werden, wo Kindern und Jugendlichen ermöglicht wird, die sie betreffenden Probleme im Verein verantwortlich mitzugestalten. Der Einbezug von Kindern und Jugendlichen in Entscheidungsprozesse in allen Bereichen ihrer Lebenswelt ist für ihre personale und soziale Entwicklung und damit für ihre Identitätsbildung von entscheidender Bedeutung.

Untersuchungen bestätigen die Wirksamkeit von Vereinen als Bildungsorte in diesem Sinne. Die Kinder und Jugendlichen eignen sich soziale Kompetenzen an. Bedeutsam für diese Lernprozesse ist die Gruppenzugehörigkeit, die soziale Kontakte ermöglicht. Die Entwicklung von Selbstwertgefühl, Konzentrationsfähigkeit oder Ausgeglichenheit als personale Kompetenzen werden gefördert. Die zu bewältigenden Anforderungen wirken auf die eigene Person und führen zu einer Erhöhung von Selbstbewusstsein und Selbstvertrauen.

Damit diese Bildungspotenziale wirksam werden können, sollen Pädagogen entsprechende Gelegenheiten aufgreifen, diese herstellen oder sie zur Sprache zu bringen.

Der eigenständige Bildungsauftrag der Kinder- und Jugendarbeit ergibt sich aus den gesellschaftlichen Anforderungen und Entwicklungen sowie den daraus resultierenden Entwicklungsaufgaben, mit denen sich Kinder und Jugendliche auseinandersetzen und Kompetenzen zu deren Bewältigung zu entwickeln haben.

Vereine und Verbände bieten deshalb Erfahrungs- und Bildungsräume an, in denen Kinder und Jugendliche sich ihre Lebenswelt aneignen und diese aktiv mitgestalten können. In der Eröffnung eigener Handlungsräume im sozialen Umfeld können Vereine und Verbände dazu beitragen, das vorhandene Potenzial zu entfalten. Ob dies gelingt, hängt von der Art und der Qualität der Gestaltung ab.

Vereine und Verbände haben die Möglichkeit, Kindern und Jugendlichen neben sportlichen, musikalischen Kompetenzen und Fertigkeiten auch die erforderlichen personalen und sozialen Kompetenzen zur Lebensbewältigung zu vermitteln. In diesem Prozess übernehmen Pädagogen wichtige unterstützende, begleitende und anleitende Aufgaben. Sie stellen den Rahmen zur Verfügung, aus dem sich Kinder- und Jugendliche das auswählen, was sie für ihre individuellen Entwicklungs- und Entfaltungsprozesse benötigen.

Dazu bedarf es der Erfüllung bestimmter Voraussetzungen, die in grundlegenden Fragen zur Gestaltung von Kinder- und Jugendarbeit zum Ausdruck gebracht werden:

- Werden den Kindern und Jugendlichen Möglichkeiten zur Mitwirkung und Mitverantwortung eingeräumt?

- Werden Freiräume für Selbsttätigkeit und Selbstorganisation, zur Selbstentwicklung und Selbsterziehung, aber auch zur Selbstgestaltung geschaffen?

- Sind die altersspezifischen Entwicklungsaufgaben bekannt und werden Hilfen zur Bewältigung angeboten? (Kap. 3)

- Finden Bedürfnisse und Rechte von Kindern und Jugendlichen Berücksichtigung? (Kap. 2)

- Werden durch das „gemeinsame Dritte" und darüber hinaus Erfolgserlebnisse ermöglicht, um Vertrauen in die eigene Leistungsfähigkeit zu entwicklen?

Kinder und Jugendliche finden in Vereinen Erlebnis- und Erfahrungsräume vor, in denen sie sich- auch ohne das Zutun von Erwachsenen – treffen, austauschen, erproben und entwickeln können. Dies ist eine bedeutende Voraussetzung dafür, dass sie personale und soziale Kompetenzen erwerben können, die sie in die Lage versetzen, ihr Potenzial zu entwickeln, Beziehungen zu anderen aufzubauen und zu pflegen sowie Entwicklungsaufgaben und Probleme im Alltag zu bewältigen.

Der Kompetenzerwerb erfolgt im Verein offensichtlich nicht nur zielgerichtet und organisiert im Rahmen von Übungs-, Trainings-, Gruppenstunden, sondern vor allem „nebenher" durch das freiwillige Dasein im Verein bzw. in Gruppen mit Gleichaltrigen. Der Verein ermöglicht ein Lernen in der Lebenspraxis (informelles Lernen).

Es ist davon auszugehen, dass in Vereinen informelle Lernprozesse stattfinden, die für die Persönlichkeits- und Sozialentwicklung von Kindern und Jugendlichen bedeutsam sind. In diesbezüglichen Befragungen werden Kompetenzen wie Teamfähigkeit, Rücksichtnahme, Kompromissbereitschaft, Durchsetzungsvermögen und Zuverlässigkeit genannt. Unterstützung finden diese Prozesse durch:

- Gemeinsames Anstreben von Erfolgen (z. B. zielbezogene Bewältigung von Herausforderungen).

- Umgang mit Heterogenität (Altersmischung, Ältere und Jüngere arbeiten gemeinsam, treffen Absprachen und helfen sich gegenseitig).

- Gemeinschaftliches Handeln (Organisation von Aktivitäten).

- Übernahme von Verantwortung.

- Soziale Beziehungen zum Pädagogen (Anerkennen der Autorität, Identifikation mit dem Vorbild, Bezugsperson und Ansprechpartner).

Der Verein bietet einen sozialen Handlungsrahmen, der zahlreiche Gelegenheiten für informelles Lernen eröffnet und von den Kindern und Jugendlichen auch entsprechend genutzt wird. Für das Handeln des Pädagogen bedeutet dies:

- Die Aufmerksamkeit auch auf informelle Lernprozesse lenken, diese stärker beachten und wertschätzen.

- Zeit und Raum für informelle Lernprozesse bereitstellen. Da informelles Lernen kaum geplant werden kann, Kindern und Jugendlichen Freiräume für selbstbestimmte Lernprozesse ermöglichen.

- Neben angeleiteten Trainings- und Übungsstunden müssen deshalb ganz bewusst „Nischen" für Kinder und Jugendliche eingerichtet werden, in denen sie ohne Kontrolle durch Erwachsene unter sich sein können.

- Prozesse des informellen Lernens wahrnehmen, „nebenbei" laufende „stille" Lernprozesse erkennen.

- Die erforderliche vertrauensvolle Lern(-atmosphäre) herstellen. Dies erfordert gegenseitigen Respekt (innerhalb der Trainings- oder Übungsgruppe, aber auch zwischen den Kindern- und Jugendlichen) und Akzeptanz unterschiedlicher Wünsche und Bedürfnisse.

- Die Rolle des Pädagogen ist nicht nur auf die Vermittlung von Sportarten, Musikkompetenz etc. beschränkt. Er ist Vorbild und einfühlsamer Lernbegleiter, der auch die Entwicklung und Entwicklungsaufgaben der Kinder und Jugendlichen berücksichtigt.

- Schaffung von strukturellen Rahmenbedingungen für Beteiligung von Kindern und Jugendlichen (Kinderkonferenzen, Wahl von Jugendleitern, …).

- Die Unterstützung informellen Lernens erfordert andere Kompetenzen als das Vermitteln musischer, sportlicher Fähigkeiten und Fertigkeiten im Rahmen des „gemeinsamen Dritten".

Die Kinder- und Jugendarbeit der Vereine und Verbände bietet alternative Erfahrungsräume und vielfältige Bildungsanregungen für formelle und informelle Lernprozesse. Vereine und Verbände entwickeln sich zu wertvollen und wichtigen Bildungs- und Lebensorten. Gerade für Kinder und Jugendliche, denen diese Gelegenheiten in der Familie oder in der Schule fehlen, sind sie deshalb ein bedeutsamer Faktor in der Bildungslandschaft.

Vereine und Verbände ermöglichen Chancen für eine gelingende Entwicklung von Kindern und Jugendlichen, indem sie grundlegende Handlungs-
kompetenzen (Fähigkeiten und Fertigkeiten), personale (Zufriedenheit,
Wohlbefinden) und soziale (Anerkennung, Zugehörigkeit) Ressourcen an-
bieten und zur Verfügung stellen:

- Kinder und Jugendliche finden Anerkennung in für sie bedeutsa-
  men Rollen.
- Kinder und Jugendliche sind langfristig in soziale Netzwerke (Gleichaltrige, positive Beziehungen, Freundschaften) eingebunden.
- Kinder und Jugendliche haben das Gefühl zwischenmenschlich angenommen zu werden.

Bildung und Erziehung in der Kinder- und Jugendarbeit der Vereine und
Verbände bedeutet die Schaffung einer Atmosphäre, die geprägt ist von

- Gefühlen der sozialen Anerkennung und Akzeptanz,
- Stärkung der personalen und sozialen Ressourcen,
- Entwicklung einer eigenen Könnenseinschätzung,
- Stabilisierung des Selbstkonzeptes (Selbstbildes) und Selbstwert-
  gefühls.

Hier liegen die großen Chancen für Vereine und Verbände, in formellen
und informellen Zusammenhängen jenseits formaler Leistungsanforderun-
gen, Bildungsprozesse anzustoßen, in der Gruppe mit Gleichaltrigen und
in der Auseinandersetzung mit den eigenen Interessen, Bedürfnissen und
Träumen von Kindern und Jugendlichen. Somit wird die angebotene Kin-
der- und Jugendarbeit zum unverzichtbaren Bestandteil der Bildungslandschaft.

Dieses „andere Lernen" absichtsvoll zu gestalten ist dabei eine der wichtigsten Aufgaben. Vereine und Verbände bieten den Rahmen und die Mittel, dass Kinder und Jugendliche ihre Talente und Stärken entdecken und
entwickeln, sowie ihre Vorstellungen umsetzen können. Sie eröffnen
Räume zur Auseinandersetzung mit sich selbst, den sozialen und materiel-
len Gegebenheiten.

Dies bedeutet jedoch auch eine Herausforderung für die Menschen, die
ehrenamtlich als Pädagogen in der Kinder- und Jugendarbeit tätig sind.

Wie können sie Kinder und Jugendliche begleiten, ihre Selbstgestaltungs-fähigkeiten fördern, sie zu aktiven Bildungsprozessen anregen?

Vor dem in diesem Kapitel aufgezeigten Hintergrund bietet die folgende Tabelle Gelegenheit, eine erste Einschätzung der eigenen Bildungsarbeit vorzunehmen.

Meine Bildungsarbeit:

… in der Kinder- und Jugendarbeit der Vereine und Verbände

Gegenwart	Zukunftsperspektive
Was klappt gut? Womit bin ich zufrieden?	Was hätte ich gerne? Wo sind ungenützte Chancen?
Was klappt nicht? Wo sehe ich Handlungsbedarf?	Welche Probleme könnten sich auf dem Weg zur Verbesserung ergeben?

Nachdenken

Wie lässt sich der eigenständige Bildungsauftrag der Vereine und Verbände begründen?

Welche Möglichkeiten sehe ich, ein „anderes Lernen" durch Berücksichtigung formeller und informeller Lernprozesse in meiner Arbeit zu fördern?

Wie können die Rahmenbedingungen im Verein gestaltet werden, dass ganzheitliche Bildungsprozesse ermöglicht werden?

5   Die Person des Pädagogen

Bei der Erziehung von Kindern und Jugendlichen ist der Pädagoge durch seine eigenen Kindheitserfahrungen geprägt.

Wenn er seine eigenen Wertvorstellungen, seine Grundhaltung in der Erziehung überdenken will, ist es gut, sich bewusst zu machen, nach welchen Prinzipien und Maßstäben er erzogen wurde.

Es gibt entscheidende Bereiche der Erziehung, die es dem Pädagogen nahe legen, sich für einen autoritativen Erziehungsstil, einer Mischung aus Anspruch und Anteilnahme, zu entscheiden.

Eine Erziehung ohne Nähe ist nicht möglich, Erziehung setzt Beziehung voraus. Die entwicklungsfördernde und wertschätzende Grundhaltung des Pädagogen schafft ein ausgewogenes Verhältnis von Nähe und Distanz.

Der kompetente, authentische und vorbildliche Pädagoge ist wirksamer als jede Methode.

Selbstbeobachtung und Selbstreflexion sind für den Pädagogen unerlässlich.

Habe Mut zu Dir selbst und suche Deinen eigenen Weg.
Erkenne Dich selbst, bevor Du Kinder zu erkennen trachtest.

Janusz Korczak

Man sollte keinem Pädagogen über den Weg trauen,
der exakte Verhaltensänderungen garantiert.

Quelle unbekannt

5.1   Die Bedeutung des Pädagogen

Wie in den vorausgehenden Kapiteln gezeigt wurde, hat die Kinder- und Jugendarbeit des Pädagogen in den Vereinen und Verbänden verschiedene Überlegungen hinsichtlich Kindern und Jugendlichen zu berücksichtigen:

- Lebenswelten und Aufwachsbedingungen (Kap. 1),

- Bedürfnisse (Kap. 2.1),
- Rechte (Kap. 2.2),
- Menschenbild und Vorstellungen von Erziehung (Kap. 2.3),
- Entwicklungsaufgaben (Kap. 3),
- Aufgaben, Leistungen und Bildungsauftrag der Kinder- und Jugendarbeit (Kap. 4).

Untersuchungen zeigen, dass der Pädagoge im Verein nach den Eltern, Geschwistern und Freunden, eine der wichtigsten Bezugspersonen im Lebensalltag von Kindern und Jugendlichen ist – noch vor Lehrern und Erziehern. Er ist nicht nur Experte auf seinem Gebiet, sondern auch Zuhörer, Ansprechpartner und Ratgeber. Seine Beziehungen sind nicht nur formell und fachlich ausgerichtet, sondern umfassen auch die personale und soziale Beziehungsebene. Indem er lebenspraktische Lernprozesse gestaltet und begleitet, übernimmt er auch eine wichtige Vorbildfunktion. Es ergeben sich für ihn vielfältige Möglichkeiten über die fachliche Ebene hinaus. So beeinflusst er beispielsweise auch das allgemeine Klima der Kooperationsbeziehungen und des menschlichen Umgangs in der Gruppe der Kinder und Jugendlichen.

Vom ehrenamtlichen Pädagogen wird erwartet, dass er den Verein als Bildungsort versteht, der Kindern und Jugendlichen Erfahrungsräume ermöglicht. In diesem sollen sie befähigt werden, Anforderungen, die sich aus ihrer Entwicklung, ihren Bedürfnissen und Rechten ergeben, zu bewältigen und sich zu eigenständigen, selbstverantwortlichen und gemeinschaftsfähigen Persönlichkeiten zu entwickeln.

Die Begleitung von Kindern und Jugendlichen in ihrer Persönlichkeitsentwicklung ist eine verantwortungsvolle Aufgabe und fordert vom Pädagogen Fach-, Sozial- und Personkompetenzen.

Es wird deutlich, dass Pädagogen in den Vereinen neben der fachlichen Qualifikation, ihrem Wissen und Können, für den von ihnen vertretenen Gegenstand – das „gemeinsame Dritte", vor allem für die darüber hinausgehenden Herausforderungen, förderliche Haltungen und Einstellungen entwickeln sollen. Die Person und Persönlichkeit des Pädagogen nimmt deshalb eine herausragende Rolle ein und beeinflusst maßgeblich die Gestaltung entwicklungsförderlicher Lernprozesse bei Kindern und Jugendlichen.

5.2   Spurensuche: Die eigene Kindheit und Erziehung

Ich weiß jetzt, dass ich den Umgang mit Kindern von Kindern selbst, einschließlich meiner selbst als Kind, gelernt habe.

Violet Oaklander

Der Pädagoge kann die Ziele der Persönlichkeitsentwicklung und Bildung von jungen Menschen nur verstehen und beurteilen, wenn er selbst schon ein bestimmtes Menschenbild und Persönlichkeitsideal mitbringt (Kap. 2.3). Jeder Pädagoge ist auch erzogen worden. Die Suche nach der wahren Erziehung und Pädagogik ist so immer durch gefühlsmäßige Komponenten bestimmt, die in den persönlichen Erfahrungen des einzelnen Pädagogen wurzeln.

Die Auseinandersetzung mit der eigenen Lebens- und Erziehungsgeschichte bedeutet mitunter, mit diesen schmerzlichen Erfahrungen produktiv umzugehen. Es ist ein immer wieder neu zu beschreitender Weg. Bilder und Erinnerungen von der eigenen Kindheit werden wirksam und prägen die Beziehung zwischen Pädagogen und Kind/Jugendlichen.

Das Verhältnis zu Kindern und Jugendlichen ist immer von der eigenen Erfahrung, der eigenen Kindheitserinnerung beeinflusst. Jeder erwachsene Mensch hat aufgrund von Erziehungshandlungen-, -erfahrungen und -erinnerungen sowie aufgrund eigenen Nachdenkens und Vergleichens verschiedener Erziehungsfälle ein Wissen über Erziehung gesammelt. Der Pädagoge ist sich bewusst, dass er in seinem Handeln immer seine eigene Person mit ins Spiel bringt. Werte, Ansprüche, Erfahrungen und die eigene Biografie beeinflussen das Handeln.

Deshalb ist die Auseinandersetzung mit der eigenen Kindheit, der persönlichen Erziehungsgeschichte und die Berücksichtigung dieser in der pädagogischen Arbeit unabdingbar für eine verantwortungsvolle und wertschätzende Arbeit mit Kindern und Jugendlichen.

Hilfreich ist es, sich mit den eigenen Kindheitserfahrungen zu befassen, indem beispielsweise folgende oder ähnliche Fragen gestellt werden:
- Welche Erinnerungen habe ich an meine frühen Jahre?

- Kann ich mich an Momente des Glücks, der sorglosen Geborgenheit, der absoluten Sicherheit erinnern?
- Bin ich bedingungslos von einem Menschen geliebt worden, als ich klein war?
- Wurde ich von einem Erwachsenen voller Freude durch die Luft gewirbelt?
- Hat man mir vor dem Schlafengehen geduldig Gute-Nacht-Geschichten vorgelesen und mich dann zärtlich zugedeckt?
- Gab es jemanden, der mir die wichtigsten Dinge eines Kinderlebens beibrachte?
- Der mit mir durch den Wald schweifte?
- Mir erklärte, wie man Vögel an ihrem Ruf erkennt und wie welche Pflanze heißt?
- Hat irgendein Erwachsener in meiner Kindheit erkannt, welche Talente in mir schlummern?
- Hat er dafür gesorgt, dass diese gefördert werden?
- Wer hat mich getröstet, wenn ich mir die Knie aufschlug?
- Wer saß an meinem Bett, wenn ich Fieber hatte?
- Gab es jemanden, der für mich meine Lieblingsspeise kochte an dem Tag, als mein Haustier eingeschläfert werden musste?
- Welche Erfahrungen als Kind förderten oder behinderten die Entwicklung meiner Fähigkeiten?
- Wie prägen mich heute diese Erfahrungen in meinem Umgang mit Kindern?

Kann ich die meisten der oben genannten Fragen positiv beantworten, dann haben meine frühen Bezugspersonen ein wichtiges Kinderrecht erfüllt, das in der UN-Kinderrechtskonvention (Kap. 2.2) an vorderster Stelle genannt wird: Das Recht eines jeden Kindes, „umgeben von Liebe, Geborgenheit und Verständnis aufzuwachsen".

Wenn die Eltern oder Bezugspersonen dieses grundlegende Recht anerkannt und sich entsprechend verhalten haben, dann gaben sie von Anfang an emotionale Wärme und sorgten dafür, dass bestimmte wichtige Grundbedürfnisse erfüllt wurden (Kap. 2.1). Wurden in der Kindheit wichtige Bedürfnisse nicht erfüllt, dann hat das mit großer Wahrscheinlichkeit Auswirkungen auf die Lebensqualität. Menschen, die eine wenig glückliche Kind-

heit hatten, starten mit mehr Belastungen ins Leben als andere. Dennoch muss Kindheit nicht Schicksal sein. Menschen sind nicht ihrer Kindheit ausgeliefert. Jeder Erwachsene hat eine eigene Lebens- und Lerngeschichte. Erziehung setzt Be-ziehung voraus. Die Beziehung zwischen Eltern und Kindern ist in der Regel von Liebe und bedingungsloser Annahme getragen. Wo weder Liebe noch Annahme spürbar sind, werden Eltern und Kinder sich oft gleichgültig, oder die Beziehung gleicht einer „Geschäftsbeziehung" z. B. „Wenn Du jetzt schön brav bist, dann darfst du heute Abend fernsehen." „Ich habe doch alles für Dich getan (jetzt erwarte ich, dass Du mich nicht enttäuschst), und nun diese Schande!"
Redewendungen und Sprichwörter drücken aus und geben Hinweise, welche Haltungen, Werte, Bewertungsmaßstäbe die Eltern-Kind-Beziehung bestimmen. Sie sind zum Teil aus unserer eigenen Erziehung übernommen, aber auch zeittypisch.

Redewendungen, die ich vielleicht als Kind gehört habe:
- Es ist noch kein Meister vom Himmel gefallen.
- Jeder ist seines Glückes Schmied.
- Was Hänschen nicht lernt, lernt Hans nimmermehr.
- Ehrlich währt am längsten
- Wenn du erst einmal arbeiten musst, dann …
- Du bist ein liebes Kind, wenn …
- Hast Du auch schön „Danke" gesagt?
- Das tut man doch nicht!
- Aus dir wird nie was!
- Was auf den Tisch kommt, wird gegessen!
- Ein Junge weint nicht!
- Der liebe Gott sieht alles.
- Solange du deine Füße unter meinen Tisch stellst, …
- Kinder soll man sehen, aber nicht hören!
- Das hätten wir uns früher mal leisten sollen.
- Du musst es nur wollen, dann klappt es schon!
- Lerne Ordnung, liebe sie – sie erspart dir Zeit und Müh!
- Wer rastet, der rostet!
- Was du nicht willst, das man dir tu, das füg auch keinem andern zu!

- Vertrauen ist gut, Kontrolle ist besser!
- Hast du nichts, bist du nichts!
- Aus Schaden wird man klug!
- Hilf dir selbst, dann hilft dir Gott!

Welche Erziehungsprinzipien haben mich geprägt? Welche Schuldgefühle wurden bei mir durch die Erwartungshaltung der Eltern oder anderer Bezugspersonen ausgelöst? Wie habe ich mich trotz mancher negativer Erfahrungen heute gut weiterentwickelt?

Erziehungsprinzipien früher:	Erziehungsprinzipien heute:
Eltern,Großeltern,Lehrer,Trainer, Übungsleiter, Jugendgruppen- leiter, …	Eltern,Großeltern,Lehrer,Trainer, Übungsleiter, Jugendgruppen- leiter, …
Gehorsamkeit	Selbstständigkeit
Ehrlichkeit	Ehrlichkeit
Gelassenheit	Gelassenheit
Ordnung	Vertrauen
Respekt	Ehrfurcht
Dankbarkeit	Verantwortung
Rollendenken	Liebe
Fleiß	Verlässlichkeit
	Gesprächsbereitschaft
	Rücksicht
	…………………………..
	…………………………..
Haben diese der Entfaltung der Einzelpersönlichkeit Raum gelassen?	Welche sind für mich heute noch unverzichtbar? Was hält mich und was könnte Kindern und Jugend- lichen Halt und Profil geben?

Das **Pädogramm** ist eine gute Möglichkeit, sich über wichtige Ab- und Einschnitte, Ereignisse, Bezugspersonen, Erfahrungen und Prägungen in der eigenen Entwicklungs-, Erziehungs- und Bildungsgeschichte klar zu werden (Familie, Kindergarten, Schule, Gleichaltrige, Partner, Verein, Verband). Es werden Verbindungen hergestellt zwischen dem zeitlichen Ablauf, markanter Punkte im Lebenslauf (z. B. Eintritt in den Kindergarten, Schuleintritt, erste Kinder- oder Trainingsgruppe), den dort angetroffenen Bezugspersonen und die erinnerten Aussagen zu Bildung und Erziehung. Wichtig ist auch die Erinnerung an begleitende gesellschaftliche, politische, kulturelle Ereignisse (Mondlandung, Mauerfall, …).

Zeit/ Jahr	Lebens- lauf	Politische, kulturelle, gesellschaftliche Ereignisse Lebenswelt – Aufwachs- bedingungen	Bedeutsame Bezugs- personen	Erziehungs- prinzipien
			Eltern, Verwandte, Geschwister, Erzieher, Lehrer, Trainer, Übungs- leiter, Jugend- gruppenleiter	

5.3   Die Grundhaltung

Gerade in der Arbeit mit Kindern und Jugendlichen, die auch von der eigenen Lebensgeschichte geprägt ist, ist es wichtig, sich dieser zu stellen, um so rationaler und distanzierter zu den eigenen Vorerfahrungen und Vorurteilen arbeiten zu können.

Beispiel:
Menschen, die ein echtes und gutes Gefühl für ihren eigenen Wert haben, strahlen das auch aus. Sie wirken zufrieden und gelassen. Ein positives Selbstwertgefühl speist sich aus vielen Quellen, eine davon liegt in der Kindheit, in der gelungenen Beziehung (Bindung) zwischen Mutter und Kind. Das Selbstwertgefühl wird schon sehr früh entwickelt.
Wer in seiner Kindheit zu wenig Liebe und Anerkennung bekommen hat, lehnt sich später oft ab oder fühlt sich von anderen abgewertet. Wenn man jedoch schon als Kind den eigenen Wert gelernt hat, ist vieles im Leben leichter. Eine positive Einstellung sich selbst gegenüber ist ein wichtiger Bestandteil psychischer Gesundheit.

Wenn der Mensch merkt, dass die Welt gut zu ihm ist, dann entwickelt er Vertrauen und denkt: Ich bin es wert, dass das Leben gut zu mir ist oder dass gute Dinge geschehen. Und wenn Dinge vielleicht nicht so gut sind, dass er sie als Herausforderung sieht, an der er wachsen kann. Menschen möchten positiv über sich und ihr Leben denken. Dieser verständliche Wunsch verleitet dann häufig dazu, eigene Fehler und Schwächen zu bekämpfen oder zu verleugnen. Ein positives Selbstwertgefühl kann sich jedoch nur entwickeln, wenn man auch den eigenen Unvollkommenheiten gegenüber wohlwollend ist:

Ja, ich bin das, aber auch das. Beides gehört zu mir und beides ist gut und wertvoll.

Selbstannahme und Selbstwert gehören zusammen. Selbstachtung, Selbstsicherheit und Selbstvertrauen entwickeln sich auf natürliche Weise, wenn man lernt, das eigene Leben sinnvoll zu gestalten und die eigenen Bedürfnisse und Fähigkeiten zu leben. Ein positives Selbstwertgefühl muss wachsen. Je mehr man Zugang findet zu den eigenen Qualitäten und zum eigenen Da-Sein und So-Sein, umso mehr fühlt man sich in sich selbst zu Hause und ruht in sich.

Das setzt voraus, dass ich davon ausgehe, dass mein Gegenüber gut ist und ich den anderen genauso achte, wie ich mich selbst achte.

Damit stellt sich eine wesentliche Frage für den Pädagogen, nämlich die nach seiner grundsätzlichen Haltung und Einstellung, die er im täglichen Leben und im Kontakt mit Kindern und Jugendlichen einnimmt.

Allgemein geht man davon aus, dass Menschen mit einer Grundposition „Ich bin o.k. – du bist o.k." auf die Welt kommen. Nun können aber verschiedene Erfahrungen in der Beziehung mit sich und der Umwelt dazu führen, dass Menschen diese Grundposition verlassen und eine andere Einstellung einnehmen. Ein Kind entscheidet sich bereits sehr früh im Kontakt mit Bezugspersonen und dem Umfeld schwerpunktmäßig für eine der folgenden Grundeinstellungen und entwickelt von da aus sein Bild über sich und die Welt weiter:

Ich bin o.k. – du bist o.k.	Ich bin o.k. – du bist nicht o.k.
Ich bin nicht o.k. – du bist o.k.	Ich bin nicht o.k. – du bist nicht o.k.

Es ist jedoch nicht realistisch anzunehmen, dass ein Mensch ständig in der Grundeinstellung „Ich bin o.k. – du bist o.k." leben kann. In Konfliktsituationen „rutschen" wir meist in unsere – aus der Kindheit vertrauten – „Lieblingsposition".

Für die entwicklungs- und lernfördernde Arbeit mit Kindern und Jugendlichen ist es wichtig, zu vermitteln, dass sie von ihrem Wesen her in Ordnung sind. Die gegenseitige, wertschätzende Grundhaltung in der Grundposition „Ich bin o.k. – du bist o.k." bildet eine konstruktive zwischenmenschliche Basis im Umgang mit Kindern und Jugendlichen, Eltern, Kollegen.

Aus dieser wertschätzenden Haltung heraus gelingt es dann auch, im Kontakt mit „schwierigen" Kindern oder Jugendlichen, das Verhalten von der Gesamtpersönlichkeit zu trennen. Das pädagogische Handeln ist von Respekt, Achtung und Wertschätzung gegenüber Kind und Jugendlichem geleitet. Der Pädagoge nimmt jedes Kind, jeden Jugendlichen so an, wie es/er ist. Es müssen nicht erst besondere Leistungen erbracht, Fähigkeiten gezeigt oder Entwicklungen durchlaufen sein.

Das pädagogische Handeln wird sehr viel weniger als angenommen durch konkrete Methoden bestimmt, die rezeptbuchartig umgesetzt werden können, als vielmehr durch die grundsätzliche Haltung dem Leben, den Mitmenschen und sich selbst gegenüber.

Pädagogen, die in der Beziehung zu Kindern und Jugendlichen ein hohes Maß an Zuneigung, emotionaler Wärme und Achtung zeigen, klare Strukturen und Grenzen vorgeben sowie einen hohen Grad an Mitbestimmung und Partizipation einräumen, geben ihnen das Gefühl von Selbstwirksamkeit. Dadurch ermöglichen sie die Entwicklung von Autonomie und Selbstregulation und geben darüber hinaus ein hohes Anregungspotenzial. Sie können davon ausgehen, dass sich Kinder und Jugendliche zu selbstsicheren, autonomen, lebensfrohen, emotional stabilen, sozial kompetenten und leistungsbereiten Persönlichkeiten entwickeln.

Was für den Umgang mit Kindern und Jugendlichen gilt, das gilt natürlich auch für den Pädagogen selbst:

- Wie gehe ich mit mir um?
- Bringe ich mir selbst Wertschätzung entgegen?
- Welche Grundposition ist mir, vielleicht seit meiner Kindheit, irgendwie vertraut?

- Wie verhalte ich mich bei Konflikten?
- In welche der vier Grundpositionen „rutsche" ich dann am ehesten?
- Wie gelingt es mir, in Konflikten die eigene Person und mein Gegenüber noch als Gesamtperson wertzuschätzen, die Sein- von der Verhaltensebene zu trennen?

In einer von einem humanistischen Menschenbild geprägten Pädagogik (Kap. 2.3), die Kinder und Jugendliche Wachstum und Selbstständigkeit ermöglichen will, sind folgende drei Haltungsdimensionen handlungsleitend:

Achtung – Wärme – Sorge – Rücksichtnahme

Pädagogen

- wertschätzen Kinder und Jugendliche,
- nehmen an ihnen Anteil,
- schenken ihnen Geltung,
- erkennen sie an,
- heißen sie willkommen,
- sind ihnen zugeneigt,
- gehen mit ihnen freundlich und herzlich um,
- sind ihnen gegenüber nachsichtig,
- ermutigen sie,
- behandeln sie wohlwollend,
- vertrauen ihnen,
- halten zu ihnen,
- stehen ihnen bei,
- beschützen sie,
- umsorgen sie,
- helfen ihnen,
- trösten sie,
- öffnen sich ihnen gegenüber,
- sind ihnen nahe.

Einfühlendes
Verstehen

Pädagogen

- verstehen einfühlend und nicht wertend die innere Welt von Kindern und Jugendlichen,

- erfassen vollständig die von ihnen geäußerten gefühlsmäßigen Inhalte,

- verstehen sie, wie sie sich im Augenblick selbst sehen,

- sind ihnen in dem nahe, was sie fühlen, denken und sagen,

- handeln ihrem persönlichen Erleben angemessen.

Echtsein –
Aufrichtigkeit

Pädagogen

- äußern sich ihrem Fühlen und Denken entsprechend,

- geben sich so, wie sie wirklich sind,

- verhalten sich ungekünstelt, natürlich, spielen keine Rollen,

- sind ohne routinemäßiges Gehabe,

- sind sie selbst, leben ohne Fassade und Panzer,

- sind vertraut mit dem, was in ihnen vorgeht und setzen sich damit auseinander,

- sind aufrichtig und heucheln nicht,

- sind ehrlich sich selbst gegenüber, machen sich nichts vor, sind bereit, das zu sein, was sie sind,

- drücken tiefe gefühlsmäßige Erlebnisse aus.

Die folgende, an diesen Handlungsdimensionen orientierte Einschätzskala gibt dem Pädagogen die Möglichkeit, die Gestaltung seiner Kinder- und

Jugendarbeit beziehungsweise die eingenommene Haltung zu überprüfen und gegebenenfalls Einstellungsänderungen vorzunehmen.

Pädagogenhaltung und Gestaltung der Kinder- und Jugendarbeit	Ausprägungsgrad					Pädagogenhaltung und Gestaltung der Kinder- und Jugendarbeit
	2	1	0	1	2	
Fassadenhaftigkeit						Echtheit
Nichtübereinstimmung						Übereinstimmung
Unechtheit						Aufrichtigkeit
Missachtung						Achtung
Kälte						Wärme
Härte						Rücksichtnahme
Kein einfühlendes Verstehen						Vollständiges einfühlendes Verstehen
Keine fördernden, nicht-lenkenden Tätigkeiten						Viele fördernde nicht-lenkende Tätigkeiten
Starke Lenkung						Keine Lenkung
Erlaubt keine Selbstbestimmung						Gibt viel Raum für Selbstbestimmung
Kompliziertheit der Angebote						Einfachheit der Darbietung und Gestaltung der Angebote
Ungegliedertheit – Zusammenhanglosigkeit						Gliederung – Ordnung
Weitschweifigkeit						Kürze – Klarheit
Keine zusätzliche Anregungen						Zusätzliche Anregungen
Geringe Selbstachtung des Pädagogen						Starke Selbstachtung des Pädagogen

5.4   Erziehungsstil

Eines der wesentlichen Prinzipien der Erziehung, vielleicht jedes menschlichen Zusammenlebens ist: Was man bekommen will, das muss man geben. Viele Pädagogen folgen intuitiv den Prinzipien Bewusstheit, Gegenseitigkeit, Konsequenz, positive Unterstützung. Sie stellen sich Fragen wie: Soll ich liebevoller oder strenger sein, das/den Kind/Jugendlichen eher führen oder es/ihn ausprobieren lassen, eng überwachen oder die lange Leine geben? Forscher haben Familien von so genannten Glückskindern beobachtet: Machen die Eltern, deren Kinder besonders zufrieden, schulisch erfolgreich und sozial akzeptiert sind, irgendetwas anders als jene, deren Kindern es weniger gut geht?

Diese Forschungen zum Erziehungsstil haben weltweit viele Studien hervorgebracht und alle Untersuchungen weisen in die gleiche Richtung. Eltern „prosozialer" Kinder unterscheiden sich von anderen nicht dadurch, dass sie liebevoller oder strenger oder motivierender sind. Sondern sie erziehen anders, weil sie all dies gleichzeitig sind: zugeneigter und strikter und fördernder. Sie wirken als Maximalisten, sie verstehen es, die drei entscheidenden Dimensionen der Erziehung zu vereinen:

- sie schenken viel Liebe,
- sie setzen klare Regeln und bestehen konsequent auf deren Einhaltung und
- sie fördern die Persönlichkeit, die Kreativität ihres Kindes.

Dieser Stil wird als „autoritativ" bezeichnet. Er umfasst ein ganzes Bündel von Tugenden wie Warmherzigkeit, Respekt, Wertschätzung, Aufmerksamkeit, Gespür für die jeweiligen Bedürfnisse und Entwicklungsstand. Er ist geprägt von der „Ich bin o.k. – du bist o.k."-Grundposition. In diesem Stil wird streng unterschieden zwischen Verhalten und Persönlichkeit, nie wird schlechtes Benehmen mit Angriffen auf die Person des Kindes oder des Jugendlichen beantwortet. Sätze wie „Du Trottel, du Versager" gehören nicht zum Wortschatz des autoritativen Erziehungsstils. Von Kindern und Jugendlichen wird ein hohes Maß an Kooperation und angemessenen sozialen Umgangsformen verlangt.

Die Mischung aus Anspruch und Anteilnahme wirkt sich offensichtlich positiv auf Kinder und Jugendliche aus. Sie verfügen meist über größeres Selbstbewusstsein, sind seltener ängstlich oder aggressiv.

Der autoritative Stil ist auch in anderen Kulturkreisen wirksam, er ist keine westliche Erfindung, sondern eine Art universales Konzept, das die Lern- und Entwicklungsfähigkeit von Kindern und Jugendlichen besonders gut unterstützt. Er ist in besonderer Weise geeignet, auf Bedürfnisse und Rechte von Kindern und Jugendlichen einzugehen, die Bewältigung von Entwicklungsaufgaben zu unterstützen und die Zielsetzungen der Kinder- und Jugendarbeit zu befördern.

Die Ergebnisse der Erziehungsstilforschung haben auch für den Pädagogen Konsequenzen. Die Gegenüberstellung der vier idealtypischen Erziehungsstile mit den entsprechenden Verhaltensprofilen eignet sich zur Überprüfung und Korrektur des eigenen Erziehungsverhaltens.

Erziehungsstile

Autoritär	Autoritativ
Zuwendung: gering geringes Ausmaß an Wärme, Unterstützung, kein Eingehen auf Belange	**Zuwendung: hoch** hohes Ausmaß an Wärme, Unterstützung, Eingehen auf Belange, hohe Wertschätzung
Förderung/Kontrolle: hoch Klare Regeln und Konsequenzen	**Förderung/Kontrolle: hoch** Klare Regeln und Konsequenzen
Auswirkungen: geringes Selbstbewusstsein und Selbstvertrauen	**Auswirkungen:** größeres Selbstbewusstsein und Selbstvertrauen
Vernachlässigend	**Verwöhnend/Permissiv/ Laissez-Faire**
Zuwendung: gering geringes Ausmaß an Wärme, Unterstützung, wenig Aufmerksamkeit	**Zuwendung: gering** hohes Ausmaß an Wärme, Unterstützung, Wertschätzung, Eingehen auf Belange
Förderung/Kontrolle: niedrig wenige Regeln und Konsequenzen	**Förderung/Kontrolle: niedrig** wenige Regeln und Konsequenzen
Auswirkungen: geringes Selbstbewusstsein und Selbstvertrauen	**Auswirkungen:** geringe Selbstregulation, wenig Selbstvertrauen

Alle Experten sind sich einig: Die autoritative Balance ist der Königsweg der Erziehung. Dieser Erziehungsstil sollte von den Pädagogen in der Kinder- und Jugendarbeit der Vereine und Verbände angestrebt werden.
Es ist der Erziehungsstil,

- der eine gute Beziehung zum Kind und Jugendlichen voraussetzt und fördert,
- der dem Kind und Jugendlichen achtungsvoll mit Liebe begegnet, mit ihm kooperiert, ihm eine Struktur ermöglicht und seine Rechte wahrt,
- der ein angemessenes Interaktions- und Kommunikationsverhalten zwischen Kind/Jugendlichem und Pädagogen erzeugt,
- der Kindern und Jugendlichen positive Selbstwerterfahrungen ermöglicht.

Entwicklungsförderndes Erziehungsverhalten setzt beim Pädagogen Offenheit, Entwicklungsfähigkeit, Selbstkritik und die ständige Überprüfung seines Menschenbildes und seiner Grundhaltung voraus. Der Pädagoge zeigt Bereitschaft, sich auf neue Gegebenheiten einzulassen und geht grundsätzlich von der Kompetenz des Kindes, Jugendlichen und seiner Ressourcen aus.
Das Kind wird als Subjekt mit eigener Individualität gesehen (Kap. 2.3). Der Pädagoge setzt klare Grenzen, ist konsequent, hält sich an Vereinbarungen, ist liebevoll zugewandt, akzeptierend und wohlwollend. Er ist bereit zu Selbsterfahrung und Selbsterziehung.

5.5   Erziehung und Nähe – Grenzverletzungen

Erziehung ist Beispiel und Liebe, sonst nichts.

Friedrich Fröbel

Nur von dem, den man liebt, lernt man.

Johann Wolfgang von Goethe

Birgt nicht die stets verlangte Nähe von Pädagoge und Kindern und Jugendlichen mehr Gefahren als sie nutzt? Die immer wieder aufgedeckten

Missbrauchsfälle geben Anlass zum Nachdenken. Sollten sich die Pädagogen nicht lieber auf die Vermittlung ihres Angebotes, des „gemeinsamen Dritten" im Verein und Verband beschränken, am besten aus der Ferne? So einfach ist das nicht. Pädagogen in Vereinen und Verbänden sind für Kinder und Jugendliche besondere, bedeutungsvolle Bezugspersonen (Kap. 5.1). Sie sind auch Vorbilder, die für die Sache, ihre Leidenschaft begeistern wollen.

Aus diesen Beziehungen um der Sache willen, können Gefühlsbeziehungen werden. Der Pädagoge ist nicht nur Trainer, Jugendgruppenleiter, Übungsleiter, sondern auch Ansprechpartner für Probleme. Insofern ist der Verein als besonderer Bildungsort auch ein bedeutungsvoller Lern- und Erfahrungsraum für den Umgang mit Nähe und Distanz.

Darf ein Pädagoge ein weinendes Mädchen überhaupt noch in den Arm nehmen? Darf er bei Übungen mit körperlichem Kontakt verbundene Hilfestellungen geben? Kann er Berater bei privaten Sorgen sein? Und was ist, wenn aus Nähe Abhängigkeit wird? Wenn das Kind gerade bei ihm die vermisste Zuwendung und Zärtlichkeit sucht?

Es ist ein schmaler Grat zwischen Nähe und Distanz, zwischen Grenzen und Freiheit. Der gute Trainer, Jugendgruppenleiter, Übungsleiter ist heute kein Meister mehr, der einen Kreis von „Zöglingen" um sich schart, sondern ein Entwicklungs- und Lernbegleiter. Statt von pädagogischer Liebe sollte deshalb von gegenseitiger Achtung und Wertschätzung gesprochen werden. Das schließt das Ausnutzen der Macht- und Autoritätsposition, um eigene Bedürfnisse auf Kosten des Kindes oder Jugendlichen zu befriedigen, aus.

Erziehung ohne Nähe ist nicht möglich – aber alle Einrichtungen, die mit Kindern und Jugendlichen arbeiten, müssen dafür sorgen, dass Grenzverletzungen thematisiert, schnell erkannt und konsequent bestraft werden. Der Gesetzgeber bewertet jede sexuelle Handlung, die eine Person an einem Kind (unter vierzehn Jahren) vornimmt, oder sich von dem Kind vornehmen lässt, zu Recht als strafbare Handlung.

Dass sexuelle Übergriffe und Misshandlungen heute ans Licht kommen, heißt nicht, dass die Zahl der Übergriffe gewachsen ist. Es bedeutet vor allem, dass die Sensibilität für solche Vorfälle gewachsen ist. Und das ist gut so. Alle müssen endlich hinschauen.

5.6   Der Pädagoge als Vorbild

Es hat keinen Sinn, Kinder zu erziehen,
sie machen uns doch alles nach.

Unbekannt

Kinder und Jugendliche nehmen den Pädagogen im Verein als Modell
wahr. Das Lernen am Modell oder am Vorbild ist für das Hineinwachsen in
die jeweilige Gruppe von größter Bedeutung. Dass dabei neben anderen
Faktoren auch die Stimmigkeit und Glaubwürdigkeit des Modells eine Rolle
spielt, bedarf keiner besonderen Erwähnung mehr: Wer Wasser predigt
und Wein trinkt, kann nicht erwarten, dass lediglich auf die Worte des Pädagogen geachtet und seine Taten ausgeblendet werden. Dem tatsächlichen Handeln, dem Sprechen ohne Worte, kommt eine größere Bedeutung
zu als den Worten selbst. Viel eindringlicher als Worte ist das authentische
Beispiel.
Diese Art des Lernens ist gerade für die Übernahme sozialer Verhaltensweisen von großer Wichtigkeit, weil vom Vorbild, von der verehrten, bewun-
derten Figur viele Verhaltensweisen unbedacht übernommen werden und
das heranwachsende Kind, den Jugendlichen prägen. Der Pädagoge hat
im Verein im Vergleich zu anderen Bezugspersonen (Kap. 5.1) eine herausragende Stellung für Kinder und Jugendliche.
Selbst wenn die Verhaltensweisen nicht direkt übernommen werden, so
wirken sie doch auf Einstellungen, Wertorientierungen und Idealbildung.
Die Aufgabe des Pädagogen im Verein und im Verband ist eine ganzheitliche, die die Persönlichkeit insgesamt umfasst und fordert. Kinder und Jugendliche lernen nur von jemandem, den sie mögen. Keine Methode ist
wirksamer als ein kompetenter, authentischer und vorbildlicher Pädagoge.

5.7   Selbstbeobachtung des Pädagogen

Die Beziehungsgestaltung zu Kindern und Jugendlichen bedarf der ständigen Überprüfung und Reflexion durch den Pädagogen. Der folgende Leit-
faden zur Selbstbeobachtung ist eine Möglichkeit, sein eigenes Erzie-
hungshandeln aus der Distanz zu betrachten.

Beziehungs-verhalten

- (Be-)Achte ich jedes Kind, jeden Jugendlichen?
- Gestalte ich die Kontakte zu Kindern und Jugendlichen positiv?
- Gestalte ich die Kontakte zur Gruppe positiv?
- Gestalte ich eine liebevolle und emotional warme Kommunikation?

Erziehung

- Gehe ich auf Bedürfnisse von Kindern und Jugendlichen ein?
- Verdeutliche ich Echtheit?
- Zeige ich Einfühlungsvermögen?
- Vermittle ich Gefühle des Angenommenseins?
- Gebe ich Schutz und Unterstützung?
- Bin ich selbst Vorbild?
- Biete ich Sicherheit?
- Gebe ich Trost und Unterstützung?
- Bringe ich Wertschätzung entgegen?
- Gebe ich Zuwendung?

Erziehungs-stil

- Akzeptiere ich die Meinungen von Kindern und Jugendlichen?
- Zeige ich und lasse ich Gefühle zu?
- Vereinbare ich gemeinsam Regeln, achte ich auf deren Einhaltung?
- Zeige ich Interesse für Belange der Kinder und Jugendlichen?
- Wecke ich Interesse und Neugierde?
- Ermögliche ich Mitspracherechte für Kinder und Jugendliche?
- Schaffe ich ein positives Gruppenklima bzw. eine vertrauensvolle Gruppenatmosphäre?
- Bin ich klar in meinen Zielen und in meinem Vorgehen?

Erziehungs-   • Setze ich mich mit Werten und Normen auseinan-
inhalte   der ?

              • Fördere ich den Kontakt zu anderen Kindern und
                Jugendlichen?

              • Thematisiere ich Gefühle?

              • Unterstütze ich die Persönlichkeitsentwicklung?

Nachdenken

Erziehung ist für mich … Wie bin ich erzogen worden?

Wenn ich an die Zukunft denke, dann möchte ich durch meine Erziehung erreichen, dass Kinder und Jugendliche …

Welche Erziehungsprinzipien sind für mich handlungsleitend?

Welche Grundhaltungen erkenne ich bei mir im Umgang mit Kindern und Jugendlichen?

Zu welchem Erziehungsstil neige ich überwiegend?

Bin ich mir meiner Vorbildfunktion bewusst?

Welche Bedeutung haben für mich Selbstbeobachtung und Selbstreflexion?

6 Aufgaben des Pädagogen

Der Pädagoge bemüht sich um positive Beziehungen zu den Kindern und Jugendlichen, die von gegenseitiger Akzeptanz, Verständnis, emotionaler Wärme, Verbundenheit, Vertrauen, Respekt, Fürsorglichkeit und Kooperation geprägt sind.

Lässt sich der Pädagoge auf eine vertrauensvolle Beziehung zum Kind/ Jugendlichen ein, verfügt er über ein mächtiges Erziehungsmittel: Die Bereitschaft der Kinder und Jugendlichen sich auf ihn einzustellen und zu lernen.

Kinder und Jugendliche sehnen sich nach Lob und Anerkennung. Diese sind wichtige „Düngemittel" für Beziehungen, die wichtigste Voraussetzung für Wachstum, für Entfaltung.

Das „Du bist wertvoll!" gilt als uneingeschränkte Voraussetzung für die Arbeit mit Kindern und Jugendlichen. Mit dieser anerkennenden, wertschätzenden Grundhaltung jedem Kind oder Jugendlichen entgegenzutreten ist oberstes Prinzip für eine gelingende Pädagogik.

Aktives Zuhören ist ein ausgezeichneter Weg, Vertrauen als Basis für eine tragfähige Beziehung zu gewinnen. Das aktive Zuhören hilft Probleme zu vermeiden oder zu klären, gibt Anregung zur Äußerung von Gefühlen und zum weiteren Austausch.

Die Gesprächstechnik der „Ich-Botschaft" bietet sich an, wenn es für den Pädagogen darum geht, Kindern und Jugendlichen gegenüber Grenzen zu setzen und eigene Bedürfnisse zu wahren, Machtkämpfe zu vermeiden und angemessene Lösungen zu finden.

Risiko- und Schutzfaktoren haben Einfluss auf die Entwicklung von Kindern und Jugendlichen. Der Pädagoge hat die Möglichkeit, diese zu erkennen, sie mildernd oder verstärkend zu beeinflussen.

Die Aufgabe des Pädagogen ist es, den Blick nicht nur auf Schwächen (Fehler) zu richten, sondern sich auf die vorhandenen Stärken (Schätze) zu konzentrieren. Mit und an den Stärken zu arbeiten ist eine wesentliche Grundlage.

Der Pädagoge bzw. Vereine und Verbände können durch Bereitstellung und Förderung äußerer und innerer Entwicklungsressourcen zur positiven Entwicklung von Kindern und Jugendlichen beitragen.

Kinder sind unsere besten Lehrer. Sie wissen bereits, wie man wächst, wie man sich entwickelt, wie man lernt, wie man sich entfaltet und entdeckt, was gut und schlecht für den Menschen ist und welches seine Bedürfnisse sind. Sie wissen bereits, wie man liebt und fröhlich ist und das Leben ausschöpft, wie man arbeitet, stark und voller Energie ist. Alles, was sie (und die Kinder in uns) brauchen, ist der notwendige Raum dafür.

Violet Oaklander

6.1   Beziehungen positiv gestalten

Aus den bisherigen Darstellungen geht hervor, dass die Beziehungsgestaltung in der pädagogischen Arbeit von zentraler Bedeutung ist. Entwicklungsverläufe von Kindern und Jugendlichen gestalten sich dann vor allem positiv, wenn eine sichere Bindung zu den Bezugspersonen vorliegt. Die positive Beziehungsgestaltung steht deshalb im Zentrum pädagogischer Handlungen.

Dass ein Kind in der pädagogischen Beziehung soziale Kompetenz entwickelt und sich als selbstwirksam erlebt und auch wahrnimmt, wie es „ankommt", ist eine wichtige Erfahrung für die Entwicklung seiner Identität (Kap. 3). „Sich-als-wirksam-erleben" bezeichnet dabei nicht nur die sachliche und interaktive Ebene, sondern auch als Person wahrgenommen zu werden und eine entsprechende Rückmeldung von Anderen zu erhalten.

Der Pädagoge in Vereinen und Verbänden ist verantwortlich für die Gestaltung und Aufrechterhaltung positiver Beziehungen. Ein Pädagoge, der ein gutes Modell für Akzeptanz, Verständnis, Respekt und emotionale Wärme gibt, erhöht nicht nur die Wahrscheinlichkeit für die Entwicklung starker, zeitlich stabiler eigener Beziehungen zu den Kindern und Jugendlichen, sondern auch zwischen diesen.

Dazu ist es erforderlich, eigene Bindungsmuster, die aus früheren Beziehungserfahrungen resultieren, in aktuellen Beziehungsgefügen zu erkennen. Dies erfordert ein hohes Maß des Nachdenkens über das eigene praktische Handeln in der Kinder- und Jugendarbeit.

Positive Beziehungen zwischen Pädagoge und Kindern/Jugendlichen beeinflussen die Entwicklung eines positiven Selbstkonzepts (Kap. 3), die Widerstandsfähigkeit der Kinder und Jugendlichen (Kap. 6.4), die Entwicklung von Freundschaftsbeziehungen in der Gruppe, das Gruppenklima aber auch die eigene Arbeits- und Lebenszufriedenheit (Kap. 5)

Die Feinfühligkeit des Pädagogen spiegelt sich auch in der Auswahl der Aufgaben wieder, die lösbar, aber trotzdem hinreichend herausfordernd sein müssen. Dies gewährleistet, dass einerseits die Spannungs- und Angstgefühle nicht überwältigend werden, andererseits auf emotionaler Ebene ein befriedigendes Gefühl der Bewältigung von Herausforderungen eintritt.

Konsequentes und stimmiges Erziehungsverhalten, Sympathie und Respekt vor den individuellen Eigenschaften der Kinder und Jugendlichen, führt dazu, dass sie sich wertgeschätzt, respektiert und unterstützt fühlen.

Der Pädagoge schafft ein entspanntes Klima, in dem sich jedes Kind, jeder Jugendliche willkommen und anerkannt fühlt, und zwar als individuelle Person, als Mädchen beziehungsweise Junge, als Kind mit Behinderung, als Mitglied einer bestimmten Nation, Ethnie oder Religion.

Ein positives Gruppenklima wird geprägt von der Kooperation von Pädagoge und Kind/Jugendlichen, wenig Kontrolle, wenig Konkurrenz, Disziplin und Organisiertheit, guter Verständlichkeit, Förderung von Selbstvertrauen, Eigenverantwortlichkeit, Eigeninitiative und einer realistischen Einschätzung der eigenen Fähigkeiten.

Das Besondere an der Pädagogen-Kind-Beziehung in der Kinder- und Jugendarbeit ist, dass der Pädagoge nicht allein mit einem Kind oder Jugendlichen beschäftigt ist, sondern eine ganze Gruppe begleitet. Im Rahmen dieser Gruppe baut der Pädagoge gleichzeitig mehrere individuelle Beziehungen auf. Die Gruppenatmosphäre ist durch ein einfühlsames Verhalten des Pädagogen bestimmt und es wird auf die wichtigsten sozialen Bedürfnisse jedes Einzelnen eingegangen. Zu den wesentlichen Aufgaben des Pädagogen gehören der Schutz und die Unterstützung von Kindern/

Jugendlichen, das Schaffen einer vertrauensvollen (Gruppen-)Atmosphäre sowie die Schaffung von Möglichkeiten zum Entdecken und Lernen.

Des Weiteren geht es um die Vereinbarung fester Abläufe und Rituale, die dann jeweils Sicherheit vermitteln und ein Gefühl der Geborgenheit und des Angenommenseins, das Initiieren gemeinsamer Erlebnisse, um den Kontaktaufbau zu Anderen zu unterstützen und diesen positiv zu begleiten.

Der mittlerweile grundsätzliche Gedanke pädagogischen Handelns „Von den Stärken auszugehen …" kann insofern verfolgt werden, indem die Stärken von Kindern/Jugendlichen erkannt werden und sie diesbezüglich und hinsichtlich ihrer Interessen unterstützt werden.

Die folgenden Fragen ermöglichen dem Pädagogen Orientierung bezüglich seiner pädagogischen Beziehungsgestaltung:

- Welche Reaktion erfolgt auf das Bedürfnis nach Nähe und Zuneigung?
- In welcher Art und Weise wird auf dieses Bedürfnis des Kindes/Jugendlichen reagiert?
- Werden Signale von Kindern und Jugendlichen wahrgenommen?
- Werden dem Kind/Jugendlichen gegenüber Feinfühligkeit und Empathie gezeigt?
- Wird dem Kind/Jugendlichen Raum gegeben, seine Gefühle zu kommunizieren, entweder über den Körper oder über Sprache?
- Gehört ein „Zuhören" bei Äußerungen des Kindes/des Jugendlichen zu einer Selbstverständlichkeit und ist damit eine Wertschätzung des Kindes/Jugendlichen verbunden?

Die Beziehungsgestaltung äußert sich auch durch den Erziehungsstil bzw. das Verhalten des Pädagogen gegenüber dem Kind/Jugendlichen (Kap. 5.4). In diesem Zusammenhang stellen sich dem Pädagogen folgende Aufgaben in der Interaktion mit Kindern und Jugendlichen.

Gestaltung positiver Beziehungen – Fördern von Selbstständigkeit und Beziehungsfähigkeit	Vermeidung beziehungsstörenden Verhaltens
• Unterstützung im und Information zum selbsttätigen Handeln	• Geringschätzigkeit
• Zulassung eines Mitbestimmungsrechts	• Übermäßige Kontrolle
• Strukturiertes und nachvollziehbares Arbeiten	• Globale Kritik
• Verdeutlichung von Zielen	• Überfordernde Situationen
• Gemeinsames Vereinbaren von und Halten an Regeln	• Bestimmen von Regeln und Strukturen
• Liebevolle und emotional warme Kommunikation	• Lösungen und Ratschläge (vor-)geben
• Akzeptanz kindlicher/jugendlicher Meinungen	• Moralpredigten
• Transparenz und Nachvollziehbarkeit von Entscheidungen	• Befehle, Ermahnungen
• Zulassen von Gefühlen	• Beschimpfen
• Zuwendung geben	• Beschämen
• Interesse für Belange der Kinder/Jugendlichen zeigen	• Abwertungen
• Vorbild sein; u. a. für Feinfühligkeit gegenüber anderen Menschen	• Treffen von Entscheidungen, ohne diese zu begründen
• Verfügbarkeit und damit Sicherheit signalisieren	• Verlangen von Gehorsam
• Trost und Unterstützung	• Ignoranz von Gefühlen
	• Verurteilen, beschuldigen
	• Nichtberücksichtigung kindlicher/jugendlicher Meinungen
	• Gleichgültigkeit bezüglich kindlicher/jugendlicher Belange

6.2   Zuwendung, Wertschätzung, Anerkennung geben – Respekt zeigen

Weißt Du, was Du bist? Du bist ein Wunder! Du bist einmalig!
Auf der ganzen Welt gibt es keinen zweiten Menschen,
der genauso ist wie Du.
Und Millionen von Jahren sind vergangen, ohne dass es je
einen Menschen gegeben hätte wie Dich.
Schau Deinen Körper an, welch ein Wunder!
Deine Beine, Deine Arme, Deine geschickten Finger, Dein Gang.
Aus Dir kann ein Shakespeare werden, ein Michelangelo, ein Beethoven.
Es gibt nichts, was Du nicht werden könntest.
Jawohl Du bist ein Wunder.
Und wenn Du nachdenkst, kannst Du dann einem anderen weh tun,
der, wie Du selbst, auch ein Wunder ist?

Pablo Casals

Achte darauf, dass sich jemand nach einer Begegnung mit Dir
reicher fühlt als vorher.

Mutter Teresa

Wirkliche Anerkennung berührt Kinder und Jugendliche auf einer tiefen, existenziellen Ebene. Sie bedeutet ein herzliches Ja zu ihrem Da-Sein. Und sie stellt keine Bedingungen, sie fordert nichts.

Entscheidend für das Wohlbefinden der Kinder und Jugendlichen ist nicht, welche Regeln, Verbote und Gebote man vor ihnen aufstellt. Kinder und Jugendliche brauchen Respekt, sie haben Würde. Sie sind vollwertige Menschen. Ihnen gebührt Anerkennung.

Anerkennung als Lebensgrundlage gibt Halt und einen festen Boden unter den Füßen, wenn innere und äußere Erschütterungen drohen. Die wichtigsten Erfahrungen machen Menschen in sozialen Beziehungen, das heißt: wenn ein Mensch nicht anerkannt wird, dann ist das eine schwere Enttäuschung. Hirnforscher können nachweisen, dass bei einem Menschen, der aus einer Gemeinschaft ausgegrenzt wird, zu der er eigentlich gehören will, im Hirn die gleichen Netzwerke aktiviert werden, die auch dann aktiviert werden, wenn ihm körperlicher Schmerz zugefügt wird. Anerkennung hilft einem Kind/Jugendlichen zu wachsen und sich in der Welt zurechtzufinden.Wachsen zu dürfen und gleichzeitig verbunden sein, das ist Ausdruck von Anerkennung.

Deshalb ist es für Kinder und Jugendliche viel leichter, wenn sie Eltern, Lehrer, Freunde oder Pädagogen in ihrem Leben haben, die ihnen diese Anerkennung schenken.

Das positive Selbstwerterleben, das Anerkennen und Wertschätzen des Kindes/Jugendlichen durch den Pädagogen oder die Gruppe, das „Du bist wertvoll!" gilt als uneingeschränkte Voraussetzung für die Arbeit mit Kindern und Jugendlichen. Mit dieser anerkennenden, wertschätzenden Grundhaltung jedem Kind oder Jugendlichen entgegenzutreten ist oberstes Prinzip für eine gelingende Pädagogik.

Bedingungslosen Respekt und Achtung gegenüber Kindern und Jugendlichen zeigen, heißt, dass diese nichts erfüllen müssen, damit der Pädagoge sie respektiert. Die banale Bedingung, die ein Kind/Jugendlicher erfüllen muss, ist Mensch sein. Die Anerkennung als selbstbestimmten Menschen, das ist die Basis.

Respekt
- beruht auf Gegenseitigkeit,
- heißt Rücksicht und Wertschätzung im Umgang mit anderen,
- ist gewaltlos,
- bcdcutet auch Achtung gegenüber mir selbst.

Respekt ist die grundlegende Achtung vor dem Kind und Jugendlichen, egal woher es/er kommt, wie es/er lebt oder aussieht, zu welchem Gott es/er betet. Sich diese Art des Respekts anzueignen, ist nicht einfach. Um andere so respektieren zu können, muss man erst sich selbst respektieren. Um Kinder und Jugendliche wirklich respektieren zu können, bedarf es einer großen Achtsamkeit. Achtsamkeit einmal den Kindern und Jugendlichen gegenüber und Achtsamkeit auch sich selbst gegenüber.

Interesse, Empathie und Wertschätzung zeigen bedeutet, Kinder und Jugendliche so anzunehmen, wie sie sind. Unbedingte Wertschätzung ist ein wesentlicher Bestandteil von Empathie. Dies bedeutet, dass der Pädagoge seine eigenen Sichtweisen und Werthaltungen in den Hintergrund stellt, um sich ohne Vorurteile auf die kindliche und jugendliche Erlebniswelt einlassen zu können.

Wenn der Pädagoge sich zum Beispiel wenig empathisch dem Kind/Jugendlichen gegenüber äußert „Du bist eben unmusikalisch", dann mag das inhaltlich eventuell zutreffen, greift aber das kindliche/jugendliche Selbstvertrauen an, entmutigt und beschämt das Kind/den Jugendlichen, ohne ihm klare Erwartungen mitzuteilen oder gar Wege zu zeigen, wie es/er das Ziel dennoch erreichen kann.

Eine liebevolle, freundliche Begleitung, die dem Kind Informationen darüber vermittelt, wie ein Problem angegangen und Lösungen gefunden werden können, wertet das Kind nicht ab. Vielmehr wird die hilfreiche, begleitende Instruktion des Pädagogen im kindlichen Gedächtnis bleiben. Von Wertschätzung geprägte Interaktionssequenzen mit Erwachsenen werden somit zu Modellen der eigenen inneren Handlungsbegleitung, auch wenn in einer ähnlichen Situation der Pädagoge nicht anwesend ist. Vielmehr beginnt das Kind sich selbst zu instruieren, wie es zuvor der Pädagoge in der sozialen Interaktionssituation getan hat. Zunächst führt die Interaktion zwischen dem Kind und einem kompetenten Interaktionspartner zu Leistungen, die in der Zone der nächsten Entwicklung des Kindes liegen. Später kann das Kind dann durch Selbstinstruktion selber die Kompetenz zeigen, die zunächst nur mit Hilfestellung möglich war. Viele Ängste und Unsicherheiten von Kindern und Jugendlichen beruhen darauf, dass ihnen hilfreiche selbst begleitende innere Gespräche fehlen. Botschaften wie „Du bist wichtig", „Du darfst du selbst sein", „Du kannst Dich trauen", „Du gehörst dazu" oder „Du darfst Deine eigenen Bedürfnisse haben" sind die Bausteine des kindlichen Selbstbildes. Diese Art von Botschaften können durch den Pädagogen verbal oder nonverbal vermittelt oder am Vorbild gelernt werden.

Das Grundbedürfnis nach Anerkennung, Zuwendung, Wertschätzung hat eine maßgebliche Bedeutung im Umgang mit Kindern und Jugendlichen (Kap. 2.1). Insofern ist eine der wichtigsten Aufgaben des Pädagogen, Kinder und Jugendlichen damit ausreichend zu versorgen.

Die unterschiedlichen Arten von Zuwendung werden in drei Grundformen zusammengefasst:

	Bedingungslose Zuwendung	Bedingte Zuwendung
Positiv • **verbal** *„Schön, dass Du da bist!"* • **nonverbal** Körperkontakt: Streicheln, Halten Lächeln, liebevolle Stimme	• Grundlage für positive Entwicklung • Keine Gegenleistung • Um seiner selbst willen geliebt werden • Generelle Lebenserlaubnis *„Schön, dass es Dich gibt!"* • Förderung der positiven Grundeinstellung „Ich bin o.k. – du bist o.k." (Kap. 5.3) • Ermutigung – Aufbauen – Stärken • Wohltuende Empfindung • Gute Gruppenatmosphäre	• An Fähigkeiten, Verhaltensweisen, Aussehen, Leistungen gerichtet • Motivierend • Förderung sozialen Verhaltens • Gelingende Lernprozesse In authentischer, wertschätzender Weise zu geben – Zuwendung muss von Herzen kommen *„Heute hast Du gut mit Deinem Instrument geübt"* *„Ihr könnt wirklich gut aufpassen!"* *„Deine Haare hast Du schön gerichtet"*
Negativ • **verbal** • **nonverbal**	• Zu vermeiden, da ganze Person herabgesetzt und abgewertet wird • Beschämen, demütigen, ignorieren, verachten • Wird als schmerzhaft erlebt • Existenzielle Angst auf Seiten von Kindern und Jugendlichen	• Nicht die Person, sondern das Verhalten kritisieren • Wertschätzende Haltung • Ich-Botschaften verwenden (Kap. 6.3) • Struktur und sicheren Rahmen bieten • Einhalten von Regeln beachten • Rückmeldung über nicht akzeptables Verhalten geben *„Ich ärgere mich darüber, dass Ihr die Bälle und Spielgeräte nicht aufgeräumt habt!"*

Anerkennung, Zuwendung, Lob fördern das Selbstbewusstsein und ermöglichen erst Beziehungen zwischen den Menschen. So mühen wir uns
von Kindesbeinen an, von den Menschen, die uns am nächsten stehen,
anerkannt zu werden. Das Streben nach Anerkennung formt das Selbst
und unsere Biografie. Wenn Kindern und Jugendlichen das auf Dauer ver-
sagt bleibt, so reagieren sie verunsichert, frustriert oder gar aggressiv. Sie
bekommen zu wenig davon.

*Wir brauchen Bestätigung unseres Daseins, indem wir beachtet werden,
und allmählich lernen, uns selbst zu beachten. Da, wo wir Beachtung
aber nur für unsere Produkte bekommen, meinen wir, wir können das
Bedürfnis nach Beachtung mit Anerkennung für unsere Leistungen,
für unsere Produkte stillen. Und das geht nicht. Und deswegen müssen
wir immer mehr und mehr leisten, weil wir glauben, wir brauchen
Anerkennung. Wir brauchen auch Anerkennung, aber wir brauchen
davor Beachtung. Nur zur Bestätigung, dass wir da sind. Beachtung
würdigt unser Dasein. Anerkennung würdigt unser Produkt, und das
sind zwei völlig verschiedene Dinge.*

Gerald Hüther

6.3   Aktiv zuhören und Ich-Botschaften verwenden

*Was die kleine Momo konnte wie kein anderer, das war: Zuhören …
Und wenn jemand meinte, sein Leben sei ganz verfehlt und bedeutungs-
los und er selbst nur einer unter Millionen, einer auf den es überhaupt
nicht ankommt und der ebenso schnell ersetzt werden kann wie ein
kaputter Topf – und er ging hin und erzählte das alles der kleinen Momo,
dann wurde ihm noch während er redete, auf geheimnisvolle Weise klar,
dass er sich gründlich irrte, dass es ihn, genauso wie er war, unter allen
Menschen nur ein einziges Mal gab und dass er deshalb auf seine
besondere Weise für die Welt wichtig war. So konnte Momo zuhören.*

Michael Ende

*Zuhören heißt: hin-hören, inne-werden; den, dem man zuhört,
an-nehmen, gelten lassen, ernst nehmen.*

Ein Mensch, der zuhören kann, hat Seltenheitswert. Manchmal kann einer, der zuhört, wichtiger sein als ein Stück Brot.

Quelle unbekannt

Zuhören ist eine Voraussetzung, um die verbalen und auch die nonverbalen Signale eines Kindes richtig zu „lesen" und auch angemessen beantworten zu können. Zuhören drückt Anerkennung aus und nimmt das Kind mit seinen Gefühlen, Gedanken und Ansichten ernst.

Einfaches oder passives Zuhören lädt generell zum Reden ein, signalisiert Interesse und Aufmerksamkeit („Erzähl doch mal!", „Das klingt ja spannend!", „Ich bin ganz neugierig", „wirklich?").

Beim **aktiven Zuhören** versucht der Pädagoge zu verstehen, was das Kind sagen will und empfindet. Dazu fasst er das, was er hört, nochmals in eigene Worte und teilt dies dem Kind mit. Hier geht es um ein akzeptierendes Verstehen (Spiegeln). Der Pädagoge versucht sich aktiv in das Kind hineinzuversetzen, etwas aus seiner Sicht zu sehen und sich einzufühlen (Empathie). Eine solche Spiegelung ermuntert das Kind zum Weitersprechen und gibt ihm Raum, etwas, was der Pädagoge noch nicht verstanden hat, richtigzustellen oder Inhalte zu präzisieren.

Der Pädagoge hat die Möglichkeit durch die verschiedenen Formen des Zuhörens, auf kindliche/jugendliche Probleme einzugehen und sie beim Finden eigener Lösungen zu unterstützen. Aktives Zuhören bedeutet:

- zu versuchen, sich in das Kind/Jugendlichen einzufühlen,
- beim Gespräch mitzudenken,
- dem Kind/Jugendlichen Aufmerksamkeit und Interesse entgegenzubringen.

Aktives Zuhören heißt also Anteilnehmen im wörtlichen Sinn. Das Kind fühlt sich angenommen. Es wird als gleichwertiger Gesprächspartner akzeptiert und behandelt. Aktiv zuhören heißt auch, sich in das Kind/den Jugendlichen hineinzuversetzen, ihm die volle Aufmerksamkeit zu schenken und dabei nicht nur auf den Inhalt, die Sachaussage, sondern auch auf die Zwischentöne, die Botschaften, zu achten. Durch die zugewandte Haltung und auch durch Aufmerksamkeitsreaktionen wird dem Kind/Jugendlichen vermittelt, dass eine intensive Aufmerksamkeit besteht, die auf echtes Verstehen abzielt. Dadurch wird Interesse und Anteilnahme vermittelt: „Es gibt im Augenblick nichts Wichtigeres".

Aktives Zuhören	• Ermöglicht einen echten und zufrieden stellenden Austausch
	• Ist hilfreich, um die unausgesprochenen Botschaften des Kindes/Jugendlichen zu erkennen
	• Trägt dazu bei, Missverständnisse zu vermeiden
	• Fördert ein gutes gegenseitiges Verstehen
	• Kann jedoch nicht Erziehung ersetzen oder alle Konflikte klären
Aktives Zuhören wird umgesetzt durch	• Einfühlen in das Kind/den Jugendlichen
	• Ausdruck dessen, was gehört und gefühlt wurde
Aktives Zuhören wirkt in unterschiedlicher Weise	• Kind/Jugendlicher fühlt sich verstanden
	• Kind/Jugendlicher fühlt sich als Partner ernst genommen
	• Kind/Jugendlicher wird zum Austausch motiviert
	• Kind/Jugendlicher lernt Probleme wahrzunehmen und anzugehen
	• Klärung oder Lösung von Problemen kann sich anbahnen

Im Alltag zeigen sich kleine oder größere Probleme in der Erziehung, die so belastend sind, dass Pädagogen sich überfordert fühlen und kaum in der Lage sind, dialogisches Verhalten umzusetzen. Wenn es Probleme gibt und die Notwendigkeit besteht, Grenzen aufzuzeigen und grundlegende Bedürfnisse des Pädagogen zu schützen, erweist sich das aktive Zuhören sicher nicht als ausreichend und es gilt, Möglichkeiten der Konfliktbewälti-gung in der Kommunikation zu erarbeiten.

Durch häufiges Maßregeln im Sinne von „du musst …", „du sollst …", „wenn du nicht …" fühlt sich das Kind/Jugendlicher zurechtgewiesen und angegriffen. Im Gebrauch von „Du-Botschaften" dominieren Vorschriften, Befehle, Warnungen, Aufforderungen und dementsprechend provozieren sie Widerstand, Trotz und Gegenreaktionen. Die Folge sind häufig kräfte-raubende Machtkämpfe. Gelingt es, diese durch Ich-Botschaften zu erset-zen, so ergibt sich viel eher die Chance, Konflikte im Gespräch miteinander zu lösen, ohne dass die Beziehung belastet wird.

In der **Ich-Botschaft** stehen die eigene Person und deren Bedürfnisse im Mittelpunkt und nicht das Versagen oder die Schuld des Kindes/Jugendli-chen. Und trotzdem kann der Pädagoge deutlich zum Ausdruck bringen, welche Bedürfnisse er hat, wie das nicht akzeptable Verhalten des Kindes/Jugendlichen auf ihn wirkt und welche Folgen das haben könnte.

Eine vollständige Ich-Botschaft beinhaltet eine Aussage über das Gefühl, sie gibt etwas vom persönlichen Innenleben preis. Des Weiteren beschreibt sie das unangemessene Verhalten des Kindes/Jugendlichen relativ neutral und liefert gleichzeitig eine Begründung. Dem Kind/Jugendlichen wird mit-geteilt, welche Bedürfnisse der Pädagoge hat, wie sein (nicht angemes-senes) Verhalten auf ihn wirkt und welche Folgen sein Verhalten hat bzw. haben kann:

- Formulierung des Gefühls (**Ich** – z. B. „Ich ärgere mich").
- Beschreibung des Verhaltens (**wenn** – „wenn Du in der Umkleide-kabine so trödelst").
- Angabe der Begründung (**weil** –„weil wir dann das Spiel verpas-sen").

Kinder und Jugendliche werden so zu einem Nachdenken über ihr Verhal-ten angeregt. Durch die verbundene Anregung, an der Klärung des Prob-lems mitzuarbeiten und eigene Ideen zu entwickeln, wird die Eigenverant-wortlichkeit des Kindes/Jugendlichen angesprochen – und es geht um das gemeinsame Suchen nach einer Lösung. Somit gibt es keine Sieger und keine Verlierer. Pädagogen und Kinder lernen, Kompromisse zu schließen und ein solches partnerschaftliches Verhältnis wirkt sich positiv auf das Gruppenklima aus.

Die Ich-Botschaft trägt dazu bei, die Beziehung zum Kind zu verbessern und sein Selbstbewusstsein zu stärken, weil es als Partner behandelt wird. Als oberste Regel gilt „Stimmigkeit hat Vorrang", also Stimmigkeit mit den eigenen Gefühlen, mit der Situation und den Möglichkeiten des Kindes und Jugendlichen.

Die Gesprächsmethode der „Ich-Botschaft" hilft Machtkämpfe zu vermeiden und angemessene Lösungen zu finden und erleichtert somit den Umgang mit dem Kind/Jugendlichen.

Die Vorteile von Ich-Botschaften sind:
- Machtkämpfe werden vermieden, es gibt keine Sieger oder Verlierer.
- Das Kind/Jugendlicher lernt, eigene Ideen zu entwickeln, selbst Entscheidungen zu treffen und Verantwortung zu tragen.
- Pädagogen und Kinder/Jugendliche lernen Kompromisse zu schließen und Lösungen zu finden, die sowohl die Bedürfnisse der Kinder/Jugendlichen als auch die Bedürfnisse der Pädagogen befriedigen.
- Das Vertrauen zueinander wird größer.
- Wachsende gegenseitige Toleranz und partnerschaftliches Verhalten wirken sich positiv auf das Gruppenklima aus.
- Kind/Jugendlicher wird selbstbewusster und selbstsicherer.

6.4 (Seelische) Gesundheit von Kindern und Jugendlichen – Risiko- und Schutzfaktoren erkennen

Alle menschlichen Verfehlungen sind das Ergebnis
eines Mangels an Liebe.

Alfred Adler

Behandle die Menschen so, als wären sie, was sie sein sollten,
und du hilfst ihnen zu werden, was sie sein können.

Johann Wolfgang von Goethe

Sich mit seelischer Gesundheit zu befassen, heißt für den Pädagogen sich mit dem Gelingen von Entwicklung und den Bedingungen für körperliches und seelisches Wohlbefinden auseinanderzusetzen (Kap. 3.1).

Mit seelischer Gesundheit ist nicht einfach die Abwesenheit von Krankheit oder das Gegenteil von Problemen gemeint. Gefragt wird nicht, was krank macht, sondern wie Menschen es schaffen, gesund zu bleiben – trotz unterschiedlicher Belastungen.

Von besonderer Bedeutung sind dabei die Widerstandsressourcen oder auch Schutzfaktoren einer Person sowie der Kohärenzsinn, die Kraftquellen einer positiven Entwicklung darstellen. Sie beeinflussen wesentlich den Erhalt oder die Verbesserung von Gesundheit, Lebenszufriedenheit und Lebensqualität.

Ressourcen sind Mittel bzw. Hilfsmittel zur Erledigung oder Bewältigung von Anforderungen und Aufgaben. Sie werden in zielorientierten Handlungen eingesetzt.

Widerstandsressourcen sind angesiedelt
im Kind/Jugendlichen:

- Intelligenz, Bildung, Ich-Stärke als emotionale Sicherheit, als Selbstvertrauen und positives Selbstgefühl in Bezug auf die eigene Person.

im sozialen Nahraum des Kindes/Jugendlichen:

- soziale Beziehungen zu anderen Menschen, das Gefühl sich zugehörig und „verortet" zu fühlen, Vertrauen und Anerkennung durch für einen selbst bedeutsame Andere zu erfahren, durch die Beteiligung sich als selbstwirksam erleben zu können. Möglichkeit, sich Unterstützung und Hilfe von anderen Menschen zu holen und sich auf diese zu verlassen.

Fehlen diese Widerstandsressourcen, wird von Widerstandsdefiziten gesprochen, die die Wahrscheinlichkeit gesundheitlicher Beeinträchtigungen erhöhen. Die Widerstandsressourcen allein sind jedoch nicht ausschlaggebend für die Bewältigung von Problemen. Ein Teil der Probleme liegt in der nicht ausreichenden Nutzung der vorhandenen Ressourcen. Es geht also auch um das Erkennen von Ressourcen und um die Fähigkeit, die richtigen zu aktivieren und für sich nutzbringend einzusetzen. Diese Fähigkeit bzw. dieses Grundgefühl wird als **Kohärenzgefühl (Kohärenzsinn)** bezeichnet. Es umschreibt die Haltung, dass es einen Sinn im Leben gibt und dass das Leben nicht einem unbeeinflussbaren Schicksal unterworfen ist.

Das Kohärenzgefühl ist eine dem Leben Orientierung und Sinn gebende Grundhaltung des Menschen.

Das Kohärenzgefühl bezieht sich auf drei wesentliche Bestandteile:

Verstehbarkeit: Meine Welt erscheint mir verständlich, stimmig, geordnet; auch Probleme und Belastungen, die ich erlebe, kann ich in einem größeren Zusammenhang sehen.

Handhabbarkeit: Das Leben stellt mir Aufgaben, die ich lösen kann. Ich verfüge über Ressourcen, die ich zur Meisterung meines Lebens und meiner aktuellen Probleme mobilisieren kann.

Bedeutsamkeit: Für meine Lebensführung ist jede Anstrengung sinnvoll. Es gibt Ziele und Projekte, für die es sich zu engagieren lohnt.

Das Kohärenzgefühl ist das Ergebnis eines individuellen Lern- und Entwicklungsprozesses und kann auch als Handlungsbefähigung beschrieben werden. Es gründet sich auf die Einschätzung dessen *„was ist, was man hat, was man kann und wozu man fähig ist".*

Ein stark ausgeprägtes Kohärenzgefühl bzw. die stark ausgeprägte Überzeugung, selbst handlungsfähig zu sein, führen dazu, dass ein Kind/Jugendlicher flexibel auf Anforderungen reagiert und in der Lage ist, die für diese Situationen angemessenen Ressourcen zu aktivieren.

Für den Pädagogen stellt sich somit die Aufgabe, bei Kindern und Jugendlichen diese Handlungsbefähigung zu entwickeln und zu fördern. Die dazu benötigten Ressourcen müssen bereitgestellt und eingesetzt werden.

Risiko- und Schutzfaktoren nehmen wesentlich Einfluss auf den Verlauf von (gesunden) Entwicklungsprozessen (Kap. 3.1).

Risikofaktoren steigern die Wahrscheinlichkeit eines problematischen Entwicklungsverlaufs, so etwa der Alkohol- und Drogenkonsum der Mutter in der Schwangerschaft, die psychische Erkrankung eines Elternteils, ein niedriger wirtschaftlicher Familienstatus oder fehlende Freundschaftsbeziehungen. Voraussetzung dafür ist aber immer eine Anfälligkeit oder Verletzlichkeit auf Seiten des Kindes/Jugendlichen. Dies gilt insbesondere, wenn weitere Risikofaktoren (wie ein ungünstiges Erziehungsverhalten der Eltern) hinzukommen und es an Schutzfaktoren fehlt.

Schutzfaktoren können als grundlegende Ressource für eine gelingende Entwicklung von Kindern und Jugendlichen betrachtet werden. Zu den bedeutenden Schutzfaktoren gehören unter anderem ein guter allgemeiner Gesundheitszustand, Talente, Hobbies, Intelligenz, Selbsthilfefertigkeiten, familialer Zusammenhalt und soziale Unterstützung durch Freunde oder Verwandte. Die Schutzfaktoren haben zum einen eine bedeutsame Rolle in der Herstellung förderlicher Bedingungen in unterschiedlichen Entwicklungsbereichen. Zum anderen können sie mögliche ungünstige Folgen von unterschiedlichen Entwicklungsrisiken im Sinne einer Pufferwirkung mildern.

Liegt ein starker Schutzfaktor (zum Beispiel eine sichere Bindung an eine Bezugsperson) vor, kann auch ein starker Risikoeffekt (etwa die psychische Erkrankung eines Elternteils) gemindert oder sogar völlig neutralisiert werden. Fehlen dagegen Schutzfaktoren, kommt der Risikoeffekt mit seinen kurz- und langfristigen Auswirkungen voll zum Tragen.

Die Kinder- und Jugendarbeit der Vereine und Verbände ist ein wichtiger Faktor im sozialen Nahraum von Kindern und Jugendlichen. Ihr kommt vor allem hinsichtlich sozialer Risiko- und Schutzfaktoren in der Entwicklung von Kindern und Jugendlichen eine bedeutende Rolle zu. Zu den Aufgaben des Pädagogen gehört es deshalb, mögliche Risiko- und Schutzfaktoren im sozialen Nahraum und Ansatzpunkte für vorbeugende und pädagogische Maßnahmen zu erkennen.

Sozialer Nahraum – andere Netzwerke

Risikofaktoren	•	Unkritische Nutzung von Medienangeboten (z. B. sehr häufiges Fernsehen, unkritischer Umgang mit Gewalt verherrlichenden Videospielen)
	•	Schulschwierigkeiten (z. B. schlechte Noten, Klassenwiederholungen, Schulverweigerungen)
Schutzfaktoren	•	Soziale Unterstützung (z. B. in Kindergärten, Vereinen, Gruppen)
	•	Dauerhafte, unterstützende, positive Freundschaften/positive Gleichaltrigenbeziehungen
	•	Positive Schulerfahrungen

Aber auch auf der Ebene des Kindes/Jugendlichen kann der Pädagoge Risiko- und Schutzfaktoren erkennen und zur Vorbeugung und pädagogischer Einflussnahme beitragen.

Schutzfaktoren, die im Kind liegen, werden als Resilienz (Widerstandsfähigkeit) bezeichnet. Dieser Begriff beschreibt die Fähigkeit einer Person, relativ unbeschadet mit den Folgen belastender Lebensumstände umzugehen und Bewältigungskompetenzen zu entwickeln.

Studien haben gezeigt, dass es einen Zusammenhang zwischen den lebensbejahenden Eigenschaften des Individuums und schützenden Faktoren gibt. Eine resiliente Persönlichkeit besitzt die Fähigkeit, in zwischenmenschlichen Stressreaktionen flexibel zu reagieren und sich an die jeweilige Situation relativ schnell anzupassen.

Längsschnittstudien, in denen die Entwicklung von Kindern und Jugendlichen von Geburt bis ins Erwachsenenalter verfolgt wurde, zeigen: Selbst in solchen „Risikogruppen" mit vielfachen Belastungen gibt es Kinder, die nicht an Entwicklungsaufgaben (Kap. 3) scheitern oder auffällig werden, sondern sich trotz dieser Belastungen in Kindergarten, Schule positiv entwickeln und später privat und beruflich erfolgreich und zufrieden sind. Diese Kinder und Jugendlichen werden als „resilient" (widerstandskräftig, robust) bezeichnet.

Was kennzeichnet, schützt diese Kinder, macht sie „stark"? Untersuchungen ergaben folgende Kompetenzen:

- Freude an neuen Erfahrungen, Optimismus.
- Ausdauer, Konzentrationsfähigkeit.
- Prosoziale Grundeinstellung, positive soziale Beziehungen.
- die Fähigkeit, Bedürfnisse aufzuschieben und Gefühle zu kontrollieren.
- Ein angemessener Ausdruck von Gefühlen und Forderungen.
- Die Fähigkeit, negative Erfahrungen konstruktiv zu verarbeiten und sich nach belastenden Erlebnissen relativ rasch zu erholen.

Resilienz entwickelt sich durch das Wechselspiel von Kind/Jugendlichem und Umwelt. Sie kann sich somit im Laufe der Entwicklung anpassen und verändern. Der Pädagoge hat damit auch die Möglichkeit, Resilienz bei Kindern und Jugendlichen zu fördern. Resilienz fördernde Faktoren zeigen einen hohen Übereinstimmungsgrad mit Schutzfaktoren auf.

Individuelle Faktoren – Ebene des Kindes/Jugendlichen

Risikofaktoren
- Chronische Erkrankung/Behinderung
- Unterdurchschnittliche Intelligenz
- Körperliche und sprachliche Entwicklungsdefizite
- Mangelnde Aufmerksamkeits- und Konzentrationsfähigkeit
- Mangelnde Impulskontrolle (häufige und schnelle Wutausbrüche, Traurigkeit)
- Eingeschränktes Problemlöseverhalten (unangepasste Konfliktlösungen, z. B. durch Aggression)

Schutzfaktoren
- Körperliche stabile Gesundheit
- Spezielle Talente/Interesse an Hobbies
- Geistige Fähigkeiten
- Emotionale Stabilität
- Positives Selbstkonzept und Selbstwertgefühl
- Positives Sozialverhalten
- Gute Selbstwirksamkeitsüberzeugung
- Aktive und flexible Reaktion auf Probleme
- Aktives Bewältigungsverhalten (konstruktive Problemlösungen)
- Übernahme von Verantwortung
- Kommunikative Fähigkeiten
- Fähigkeit, sich von ungünstigen Einflüssen zu distanzieren
- Vorausplanendes Verhalten
- Selbsthilfefertigkeiten (z. B. Wissen um soziale Unterstützung bei Schwierigkeiten)

Risikofaktoren, die im Kind, in der Familie oder im sozialen Nahraum liegen, können sich wechselseitig beeinflussen und sind nur schwer voneinander zu trennen. So kann ein niedriger sozial-wirtschaftlicher Status eine erschwerte Eltern-Kind-Beziehung auf der Grundlage von materieller und emotionaler Existenznot zur Folge haben. Dies kann sich dann auf das Selbstwertgefühl des Kindes auswirken.

Auch bei Faktoren, die Risiken mildern, ist ein gehäuftes Auftreten möglich, was letztendlich zur Verstärkung ihrer Wirkung beiträgt. Ebenso stehen Schutzfaktoren in Wechselwirkung und gegenseitiger Abhängigkeit.
So ist eine sichere Bindungsbeziehung zu einer Bezugsperson (z. B. zum
Pädagogen im Verein) wesentlich mit der Entwicklung eines positiven
Selbstbildes verknüpft. Das Erleben von Selbstwirksamkeit in sozialen
Beziehungen (z. B. in der Vereinsgruppe) ermöglicht es dem Kind/Jugend-
lichen wiederum eher soziale Kontakte einzugehen und aufrechtzuerhal-
ten. Somit löst der Schutzfaktor „sichere Bindungsbeziehung" eine Folge
von weiteren Schutzfaktoren aus.
Risikobedingungen sind jedoch nicht mit Entwicklungsauffälligkeiten gleich-
zusetzen. Sie erhöhen lediglich die Wahrscheinlichkeit für eine fehlange-
passte Entwicklung.
Der Pädagoge hat immer die Möglichkeit, den Entwicklungsweg eines Kin-
des/Jugendlichen sowohl positiv als auch negativ zu beeinflussen. Schutzfaktoren entpuppen sich bei näherem Hinsehen als Erziehungsideale, die
von Eltern und anderen Bezugspersonen einzulösen sind: Emotionale Bindung zu einer, besser mehreren Personen, ein gutes Selbstwertgefühl und
ein aktiver Umgang mit Problemen.
Es liegt auf der Hand, dass der Verein und Verband mit seinen Zielvorstel-
lungen und Aufgaben (Kap. 4) hier gute Voraussetzungen zu bieten hat,
gerade auch für Kinder und Jugendliche, die unter ungünstigen Rahmenbedingungen aufwachsen. Viele Streitereien und in der Folge eine mögliche Trennung der Eltern, neue Familienformen und ständige Ortswechsel,
Armut, Arbeitslosigkeit, Alkohol, psychische Erkrankungen der Eltern, Ge-
walterfahrungen, Migration etc. (Kap. 1) fordern Kinder und Jugendliche
heraus, darauf zu reagieren.
Hier hat der Pädagoge, neben anderen, im Verein die Chance, durch seine
Arbeit das Selbstwertgefühl dieser Kinder und Jugendlichen zu stärken, damit
diese mit Widerständen umzugehen lernen. Der Verein ist Teil des Netzwer-
kes, das Kindern Unterstützung von mehreren Seiten erfahren lässt, um widerstandsfähig zu werden. Die Stärkung ihrer Kompetenzen wirkt präventiv
und gibt Kindern und Jugendlichen die Chance belastende Lebenssituationen
zu bewältigen. Der Pädagoge im Verein kann an den Ressourcen der Kinder
und Jugendlichen, die sich in seiner alltäglichen Arbeit zeigen, ansetzen.

Das heißt jedoch auch, die Stärken und Ressourcen des Pädagogen in der Kinder- und Jugendarbeit zu erkennen (Kap. 5), die ein stärke- und ressourcenorientiertes Arbeiten mit Kindern und Jugendlichen befördern. So kann sich der Pädagoge fragen:

- Hat sich meine Beziehungsqualität zum Kind und Jugendlichen durch den Blick auf die Kompetenzen des Kindes/Jugendlichen intensiviert?
- Zeige ich Wertschätzung gegenüber dem Kind/Jugendlichen?
- Hat sich meine Haltung gegenüber Kindern und Jugendlichen geändert?
- Sehe, beachte, schätze ich kleine Schritte, stecke ich kleine Ziele?
- Hat sich mein Blick auf Kinder und Jugendliche verändert?
- Unterstütze und stärke ich das Selbstwertgefühl des Kindes/Jugendlichen?
- Kann ich Stärken des Kindes/Jugendlichen entdecken? Schwächen schwächen?
- Suche ich den Austausch mit anderen Pädagogen mit dem Ziel, Haltungen zu verändern und den guten/positiven Blick auf Kinder und Jugendliche zu stärken?

6.5 Positive Entwicklung fördern und Halt geben

Wenn es einen Glauben gibt, der Berge versetzen kann,
so ist es der Glaube an die eigene Kraft.

Marie von Ebner-Eschenbach

Der Mensch ist gut und will das Gute, und wenn er böse ist, so hat man ihm sicherlich den Weg verrammelt, auf dem er gut sein wollte.

Johann Heinrich Pestalozzi

Bei der Erziehung muss man etwas aus dem Menschen herausbringen und nicht in ihn hinein.   *Friedrich Fröbel*

Alle Kinder und Jugendlichen verfügen prinzipiell über das Potenzial, sich zu handlungsfähigen Personen zu entwickeln, die am gesellschaftlichen Leben teilnehmen und es mit ihrem Handeln gestalten und verändern können (Kap. 2.3).

Diese positive Entwicklung lässt sich allerdings nicht als ein von Natur aus angelegtes Ablaufgeschehen begreifen, in dem sich eine innere Anlage entfaltet. Im Zentrum der Auffassung des Kindes/Jugendlichen als aktiver Gestalter seiner Entwicklung steht ein Modell von Entwicklung, das als dynamisches Austauschsystem zwischen den heranwachsenden Kindern und Jugendlichen und den unterschiedlichen sozialen Systemen (Familie, Schule, Gleichaltrigengruppe, Nachbarschaft, Vereine, Verbände) verstanden wird (Kap. 3.1).

Eine positive Kinder- und Jugendentwicklung kommt durch das Zusammenwirken individueller Ressourcen und gesellschaftlicher Rahmenbedingungen zustande. Die im folgenden dargestellten Entwicklungsressourcen zeigen, dass die pädagogische Arbeit der Vereine und Verbände hierbei von großer Bedeutung ist (Kap. 4). Sie kann äußere Entwicklungsressourcen zur Verfügung stellen und innere Entwicklungsressourcen durch ihre Angebote fördern:

Äußere Entwicklungsressourcen	Innere Entwicklungsressourcen
Unterstützung • Kinder und Jugendliche brauchen die Erfahrung der Unterstützung, Sorge und Liebe durch ihre Familie u. a. • Sie brauchen Organisationen (z. B. Vereine, Verbände), die positive, unterstützende Umwelten schaffen	**Lernbereitschaft** • Kinder und Jugendliche müssen eine Bereitschaft zu lebenslanger Bildung entwickeln
Empowerment (Befähigung) • Kinder und Jugendliche brauchen die Wertschätzung der Gesellschaft und Gelegenheiten, sinnvolle Rollen einzunehmen und andere Personen zu unterstützen. Dafür müssen sie sich zu Hause, in der Schule und der Nachbarschaft sicher fühlen	**Positive Werte** • Kinder und Jugendliche müssen starke Werte wie Hilfsbereitschaft, Gleichheit und Gerechtigkeit, Verantwortlichkeit, Ehrlichkeit entwickeln, die ihr Handeln bestimmen

Grenzen und Erwartungen

- Kinder und Jugendliche müssen wissen, was von ihnen in der Familie, der Schule, der Nachbarschaft und von Erwachsenen erwartet wird und ob sich ihre Handlungen in den gesellschaftlichen Grenzen bewegen

Konstruktive Nutzung der Zeit

- Kinder und Jugendliche brauchen konstruktive und bereichernde Gelegenheiten für ihr persönliches Wachstum durch kreatives Handeln, Programme für kindliches/ jugendliches Engagement

Soziale Kompetenzen

- Kinder und Jugendliche brauchen Fähigkeiten, für sich Entscheidungen zu treffen, Beziehungen aufzunehmen, Konflikte auszutragen, widerstandsfähig gegen Gruppenzwänge zu sein und mit kulturellen Unterschieden umgehen zu können

Positive Identität

- Kinder und Jugendliche brauchen ein Gefühl der Selbstwirksamkeit, des Selbstwertes, der Sinnhaftigkeit und eine positive Zukunft (Kap. 6.4)

Der Pädagoge hat die Aufgabe, dazu beizutragen, diese Entwicklungsressourcen für die ihm anvertrauten Kinder und Jugendlichen im Rahmen seiner Möglichkeiten zugänglich zu machen bzw. diese zu aktivieren. Im Zusammenwirken dieser inneren und äußeren Ressourcen bildet sich ein Nährboden für eine förderliche Entwicklung von Kindern und Jugendlichen.

Nachdenken

Wie kann ich als Person, durch meine Haltung und Handlungen zur positiven Beziehungsgestaltung beitragen?

Welche Möglichkeiten der unbedingten und bedingten positiven Zuwendung, aber auch der bedingten negativen Zuwendung kann ich im Umgang mit Kindern und Jugendlichen einsetzen?

Welche Chancen sehe ich im Einsatz des aktiven Zuhörens für die eigenständige Entwicklung von Kindern und Jugendlichen?

Nachdenken

Welche Wirkung haben Ich-Botschaften bei der Klärung von konflikthaften Situationen, für eine Kommunikation auf Augenhöhe?

Wie kann ich meinen Blick von den Defiziten von Kindern und Jugendlichen auf ihre Stärken und Ressourcen lenken? Wie kann ich Kinder und Jugendliche stärken und Schwächen schwächen? Schatzsuche statt Fehlerfahndung betreiben?

Wie lassen sich die positive Entwicklung und Resilienz von Kindern und Jugendlichen im Alltag der Vereine und Verbände fördern?

Welche Stärken und Kompetenzen helfen dem Kind/Jugendlichen, Risiken seiner Entwicklung zu bewältigen ?

Welche Faktoren fördern eine gesunde seelische Entwicklung?

Wie kann die pädagogische Arbeit der Vereine durch die Bereitstellung äußerer und innerer Entwicklungsressourcen zur positiven Entwicklung von Kindern und Jugendlichen beitragen?

7   Der „Circle of Courage" – ein Haltungs- und Handlungsmodell für den Pädagogen in der Kinder- und Jugendarbeit

Der „Circle of Courage" ist ein auf Indianerweisheiten beruhendes pädagogisches Entwicklungsmodell, das von den Wissenschaften hinreichend bestätigt ist. Er rückt die grundlegenden Wachstumsbedürfnisse von Kindern und Jugendlichen in das Bewusstsein.

Der „Circle of Courage" ist keine spezifische Methode, vielmehr kommt durch das Modell eine Haltung zum Ausdruck, die eine positive Sichtweise auf das Kind und den Jugendlichen beinhaltet und Kompetenzen und Ressourcen betont. Ihm liegt ein positives Menschenbild zugrunde.

Bindungsbedürfnisse (**„Belonging"**) werden durch unterstützende Beziehungen in Familie, Gleichaltrigengruppe, Schule, Vereine und Gemeinwesen befriedigt. Kinder und Jugendliche sind von Geburt an freundliche Wesen, die dazu neigen, starke, andauernde und harmonische Bindungen mit anderen einzugehen. Sie sind auf Zugehörigkeit angewiesen: *„Ich bin eine Person, die von anderen wertgeschätzt und geliebt wird"*.

Kinder und Jugendliche wollen keine Langeweile und streben deshalb nach zielorientierten Handlungen. Indem sie ihren Interessen und ihrer Neugierde nachgehen, entwickeln sie problemlösende Aktivitäten. Eine zentrale Motivation für menschliches Verhalten ist das Streben nach Kompetenz und Leistung (**„Mastery"**): *„Ich kann Aufgaben lösen und Erfolg haben"*.

Kinder und Jugendliche brauchen Gelegenheiten und Angebote, um Entscheidungen treffen und selbstwirksam sein zu können. Sie wünschen sich Kontrolle über ihr Leben, Einfluss und Selbstbestimmung hinsichtlich der Ereignisse in ihrer sozialen Umwelt (**„Independence"**): *„Ich kann entscheiden und Verantwortung übernehmen"*.

Positive Werte entwickeln sich in einem Klima der gegenseitigen Achtung, in dem Kinder und Jugendliche sich und andere wertschätzen.

Diese Haltung gibt dem Leben Sinn und Zweck. Kinder und Jugendliche brauchen Möglichkeiten, um einfühlsam (empathisch) und großzügig sein zu können (**„Generosity"**): *„Ich bin rücksichtsvoll gegenüber mir und anderen".*

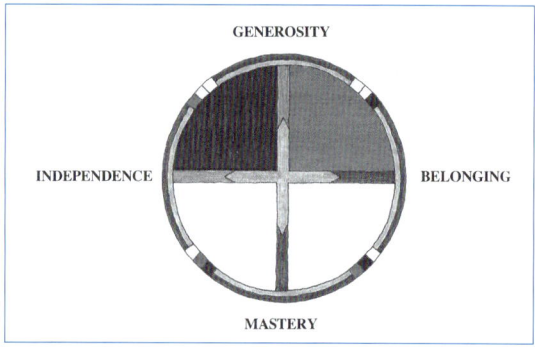

Abb. 3: Medizinrad

Angehörige der Indianerstämme nutzen den Kreis, um zu zeigen, dass alle Aspekte des Lebens enthalten sind und wir alle miteinander verbunden sein müssen. Die vier Farben – Schwarz, Weiß, Rot und Gelb, stehen für die vier Himmelsrichtungen und auch für die vier Rassen. Wir sollten alle in Harmonie als Teil desselben Kreises leben.

George Blue Bird

7.1   Der „Circle of Courage" – uralte Weisheiten und moderne Erkenntnisse

„Courage" bedeutet „Ermutigung" im Sinne von Wertschätzung, Zutrauen und Anerkennung – nicht nur für gute Leistungen, sondern auch für ehrliches Bemühen. Es bedeutet, ein Kind, einen Jugendlichen sozial einzubinden und es/ihn sinnvoll herauszufordern.

Der „Circle of Courage" ist ein ganzheitlicher Ansatz, der die zentralen Grund- und Wachstumsbedürfnisse zusammenführt, die nach der Philosophie der nordamerikanischen Indianer erfüllt sein müssen, damit sich Kinder und Jugendliche seelisch gesund entwickeln können.

Der „Circle of Courage" entspricht der Philosophie des humanistischen Menschenbildes (Kap. 2.3). Kindern und Jugendlichen wohnt die Tendenz inne, sich zu entwickeln, ihre Handlungs- und Erlebnismöglichkeiten zu erweitern bzw. ihre jeweils bestehenden Grenzen zu überschreiten. Kinder und Jugendliche streben nach Einzigartigkeit in ihren Wahrnehmungen und ihrem Erleben, ihren Phantasien, Träumen und Gefühlen, Wert- und Sinnbezügen. Gleichzeitig wollen sie sich zugehörig fühlen zu anderen, zu Gruppen, zu einer größeren Gemeinschaft. Kinder und Jugendliche sind handelnde und aktive Wesen. Sie sind einerseits von ihrer Umwelt abhängig, wirken aber andererseits gestaltend auf sie ein.

Lange vor den modernen Wissenschaften haben die Ureinwohner Nordamerikas ausgewiesene Strategien der kindlichen Entwicklung benutzt, um soziale, respektvolle und mutige Kinder zu erziehen. In der Lakota-Kultur wurden Kinder als „heilige Wesen" angesehen. Ähnliche Konzepte und Bilder von Kindern finden wir bei Stammeskulturen weltweit. So bedeutet zum Beispiel der Begriff für Kinder in der Sprache der neuseeländischen Maori „Gabe der Götter". Ihnen allen gemeinsam ist eine wertschätzende Haltung Kindern und Jugendlichen gegenüber, denen mit Respekt und Würde zu begegnen ist.

Es gibt Erkenntnisse, dass der respektvolle Umgang zwischen Kindern und Erwachsenen einst auch Teil der frühen Erziehungsgeschichte auf dem europäischen Kontinent gewesen ist. Deutlich wird, dass sich pädagogische Maßnahmen je nach kulturellem Hintergrund unterscheiden. Die Grundbedürfnisse von Kindern und Jugendlichen sind jedoch immer gleich geblieben. Es ist davon auszugehen, dass es universelle menschliche Bedürfnisse gibt (Kap. 2.1), die das Grundrecht aller Kinder sind (Kap. 2.2).

Der „Circle of Courage" wird als universell betrachtet, denn er basiert auf kulturübergreifenden Wachstumsbedürfnissen. Wenn diese Bedürfnisse nicht befriedigt werden, können Kinder und Jugendliche nicht ihr volles Potenzial entfalten.

Die Prinzipien des „Circle of Courage" (Belonging – Zugehörigkeit, Mastery – Kompetenz, Independence – Selbstbestimmung und Generosity – Großzügigkeit) sind inzwischen durch wissenschaftliche Erkenntnisse nachgewiesen. Wird diesen grundlegenden Wachstumsbedürfnisse nicht entsprochen, kann dies ungünstige Auswirkungen auf die positive Entwicklung von Kindern und Jugendlichen haben.

Die Resilienzforschung (Kap. 6.4) hat in den letzten Jahren aufzeigen können, dass Kinder und Jugendliche von Natur aus potenziell resilient sind, d. h. es ist davon auszugehen, dass sie über angeborene Programme für Überleben und Wohlergehen verfügen. Bestimmte Schutzfaktoren (Kap. 6.4) tragen zur Förderung von sozialer Harmonie und persönlicher Kompetenz bei. Wachstumsbedürfnisse sind, dies haben Hirnforschungen nachgewiesen, auf Motivationsprogramme zurückzuführen. Werden diese Wachstumsbedürfnisse befriedigt, können Kinder und Jugendliche ihre Stärken entfalten.

Der „Circle of Courage" wird deshalb auch als „Resilienz-Code" beschrieben. Er führt die an der positiven Entwicklung von Kindern und Jugendlichen orientierten Stärken und Ressourcen zu einem eindrücklichen, bildhaften Handlungs- und Haltungsmodell zusammen.

Erziehung, die Kindern und Jugendlichen ermöglicht

- eigene Kompetenzen mit Unterstützung der Pädagogen zu entwickeln und zu entdecken („Mastery"),
- Zugehörigkeit und Wertschätzung zu erfahren („Belonging"),
- die Entwicklung von Selbstbestimmung („Independence") und prosozialem Verhalten („Generosity") fördert,

stärkt diejenigen Ressourcen in Kindern und Jugendlichen, die von der Resilienzforschung als Schutzfaktoren ermittelt wurden (Kap. 6.4).

Andere Studien untermauern diese Erkenntnisse und weisen nach, dass Kinder und Jugendliche, das für die positive Entwicklung entscheidende Selbstkonzept und Selbstwertgefühl (Kap. 3.1) durch die Befriedigung dieser Wachstumsbedürfnisse aufbauen. Ein positives Selbstwertgefühl wirkt sich bei vorliegenden Entwicklungsrisiken als zentraler Schutzfaktor, aber auch unabhängig vom Vorliegen eines Risikos, positiv auf die Entwicklung von Kindern und Jugendlichen aus. Es kann von allgemeinen entwicklungsförderlichen Bedingungen gesprochen werden. Die Förderung von Selbstwert ist deshalb zentral für ressourcenfördernde Erziehung.

Weisheiten des „Circle of Courage"	Forschungen zum Selbstkonzept-Selbstwertgefühl von Kindern und Jugendlichen (Kap.3.1)
„Belonging" (Zugehörigkeit) • Entwicklung durch die Förderung menschlicher Bindungen und den Aufbau vertrauensvoller Beziehungen.	Bedeutung eines (Autoritativen) Erziehungsstils und -klimas (Kap. 5.4) • Wertschätzung und Interesse gegenüber Kindern und Jugendlichen • Emotionale Wärme und bedingungslose Akzeptanz • Erziehungsverhalten steht in direktem Zusammenhang mit dem Aufbau von kindlichem Selbstwert *„Ich bin für jemanden bedeutungsvoll und wichtig"* *„Ich werde geliebt"*
„Mastery" (Kompetenz) • Entwicklung durch Schaffung von Gelegenheiten, Probleme kreativ zu lösen und gesteckte Ziele erreichen zu können • Ansprechen des angeborenen Neugierverhaltens • Sich-Aneignen der Welt	Kompetenzerleben als biologisch bestimmtes Grundbedürfnis • Selbstwirksamkeitsüberzeugungen – Kompetenzerwartungen in zukünftigen Situationen • Aufbau intrinsischer (innewohnender) Motivation *„Ich bin in der Lage, Probleme zu lösen"* *„Ich kann etwas"* *„Ich habe Erfolg"*

„Independence" (Unabhängig-keit/Selbstbestimmung)

Förderung durch Möglichkeiten für Kinder und Jugendliche

- Entscheidungen zu treffen,
- selbst zu bestimmen und
- Verantwortung zu überneh-men.

(Entscheidungs-)Kraft

- Hohe und realistische Kontroll-überzeugung in Bezug auf eigenes und das Verhalten anderer
- Entgegengebrachter Respekt in der Interaktion mit Erwachsenen
- Achtung der eigenen Rechte und Meinungen von Kindern und Jugendlichen
- Klare und beständige Regeln – angemessenes und begrenzen-des Erziehungsverhalten
- Selbstbestimmung und Selbst-sicherheit

„Ich habe einen Auftrag für mein Leben"

„Ich habe die Kraft zu entscheiden"

„Ich habe einen Lebensplan"

„Generosity" (Großzügigkeit)

Förderung durch Gelegenheiten für Kinder und Jugendliche

- sich uneigennützig, anderen freundlich zugewandt und anteilnehmend zeigen zu können,
- von anderen wahrgenom-men zu werden.

Werte und Tugenden

- Orientierung an einem Werte-system (moralische, ethische oder religiöse Prinzipien)
- Förderung einer positiven Selbstbewertung

„Ich nehme Rücksicht auf andere"

„Ich habe einen Sinn in meinem Leben"

Die für den Aufbau des Selbstwert erforderlichen Bedingungen bzw. Merk-male des Erziehungsstils und -klimas sind im „Circle of Courage" vertreten.

Es sind Aspekte eines autoritativen Erziehungsstils (Kap. 5.4) der sich durch Wertschätzung, konstruktive Kommunikation, klare und konsistente Verhaltensregeln, Vermittlung kompetenzfördernder Verhaltenserwartungen, produktive Rückmeldungen und angemessene Kontrolle auszeichnet. Dieser Erziehungsstil stärkt das Selbstwertgefühl von Kindern und trägt wesentlich zum Aufbau von Resilienzfaktoren (Kap. 6.4) bei, indem er Kontroll- und Selbstwirksamkeitsüberzeugungen, problemorientierte Bewältigungsstrategien und damit Selbstvertrauen fördert.

Durch die Befriedigung der Wachstumsbedürfnisse über die dafür erforderlichen Handlungen und Haltungen des Pädagogen wächst die Resilienz von Kindern und Jugendlichen. Die entwicklungsförderlichen inneren und äußere Ressourcen für eine positive Entwicklung von Kindern und Jugendlichen sind beschrieben (Kap. 6.5). Die Prinzipien des „Circle of Courage" entsprechen diesen Voraussetzungen für positive Entwicklungsprozesse.

Der „Circle of Courage" fördert das Erlernen einer „neuen" Sprache für Kinder/Jugendliche und Pädagogen. Diese ist positiv, respektvoll und nicht ausgrenzend. Der Blick des Pädagogen ist nicht defizitorientiert, sondern auf die Ressourcen und Stärken der Kinder und Jugendlichen ausgerichtet.

Blick, Sprache, Haltung und Handeln des „Circle of Courage" zielen darauf, Kindern und Jugendlichen das Gefühl der Zugehörigkeit zu vermitteln, ihnen Gelegenheiten der Selbsttätigkeit und Selbstbestimmung zu geben, Erfolgserlebnisse und gegenseitige Achtung und Wertschätzung zu ermöglichen, sie für ein gelingendes Leben zu ermutigen. Der Pädagoge kann somit dazu beitragen, Kindern und Jugendlichen eine neue Perspektive auf ihr Leben zu geben und den Zugang zu ihrem innersten Kern zu öffnen: *Wer bin ich, was will ich vom Leben und was will das Leben von mir?*

Das positive Handlungs- und Haltungskonzept des „Circle of Courage" ist ein leicht zu verstehendes und umzusetzendes Modell für Pädagogen und Kinder und Jugendliche. Es ist auf Harmonie und Ganzheit angelegt, die im geschlossenen Kreis zum Ausdruck gebracht werden.

Misslingende Entwicklungsprozesse werfen deshalb die Frage auf, wo diese Geschlossenheit unterbrochen bzw. nicht vorhanden ist. Der „Circle of Courage" bietet dann Ansatzpunkte zur (Wieder-)Herstellung des Ganzen an. Der Kreis ist (wieder) zu schließen, indem der Pädagoge grundlegende und nicht befriedigte Wachstumsbedürfnisse bei Kindern und Jugendliche erkennt und durch geeignete pädagogische Maßnahmen berücksichtigt.

Das Erkennen von Lücken in der Geschlossenheit, Möglichkeiten zur Beseitigung durch den Pädagogen soll nun im Folgenden für die vier Prinzipien des „Circle of Courage" ansatzweise verdeutlicht werden.

7.2   „Belonging" (Zugehörigkeit) – Ich werde geliebt

Wilhelm Heitmeyer benennt die Regeln unserer Aufstiegsgesellschaft und die tiefgreifenden Folgen, in diesem Überlebenskampf zu scheitern. Dann nämlich, wenn Kinder und Jugendliche keine befriedigende Antwort auf die basalen Fragen bekommen: Wer braucht mich? Wer hört mir zu? Bin ich gleichwertig? Werde ich gerecht behandelt? Werden meine Gefühle akzeptiert? Also zusammengefasst nichts anderes als die zentrale Lebensfrage: Werde ich geliebt?

Belonging

Abb. 4: Zugehörigkeit

In der traditionellen Gesellschaft der nordamerikanischen Indianer war die Erziehung von Kindern und Jugendlichen eine Aufgabe aller Erwachsenen der Gemeinschaft. Die Kinder und Jugendlichen waren eingebunden in ein soziales Netz mit zahlreichen Bezugspersonen. Der hohe Stellenwert von Gemeinschaft in dieser Kultur, (aber auch in anderen Kulturen, z. B. „Ubuntu" in der afrikanischen Gesellschaft) ist auf ihre Weltanschauung zurückzuführen. Danach gelten alle Menschen miteinander verbunden. Die Erwachsenen-Kind/Jugendlichen-Beziehung ermöglicht die Erfahrung von Zugehörigkeit und Wertschätzung. Das Gefühl geliebt zu werden und bedingungslos angenommen zu sein ist der stärkste Schutzfaktor. Die Befriedigung dieses grundlegenden Bedürfnisses (Kap. 2.1), die Erfahrung von emotionaler Geborgenheit und Verlässlichkeit, die Herausbildung einer sicheren Bindung ist eine wichtige Voraussetzung für den weiteren Aufbau von Kompetenzen im Entwicklungsprozess von Kindern und Jugendlichen. Der Zusammenhang zum Aufbau eines positiven Selbstwertes wurde schon mehrfach angesprochen. Ein Kind/Jugendlicher, das/der in seiner Beziehung zu den Eltern, Lehrern, Pädagogen, Wertschätzung und Verlässlichkeit erfährt, wird sich selbst als wertvoll und kompetent erleben.

Ziel

Förderung von „Belonging" – Zugehörigkeit bei Kindern und Jugendlichen
anerkannt, Teil einer Gemeinschaft oder Gruppe sein.

Haltung und Handeln des Pädagogen

Pädagogen sehen Verein/Verband

- als schützende und fürsorgliche Ressource, die es ermöglicht, für Kinder und Jugendliche langfristige und sichere Beziehungen aufzubauen,

- als soziale Gemeinschaft und Netzwerk von Gleichaltrigen und Freunden, in der Kinder und Jugendliche Zugehörigkeit, Wertschätzung, Eingebundensein, Respekt erfahren,

- als Ort der Sicherheit, Rituale und Unterstützung, der (inter-) kulturellen Kompetenz, der Kommunikation und Interaktion, des Vertrauens.

7.3   „Mastery" (Kompetenz) – Ich kann etwas leisten

Mastery

Abb. 5: Kompetenz

Die Entwicklung und Erweiterung eigener Fähigkeiten und Kompetenzen ist ein weiteres Grundbedürfnis von Kindern und Jugendlichen. Auch hier handelt es sich um ein kulturübergreifendes universelles Bedürfnis nach Kompetenzerleben und Erweiterung individueller Fähigkeiten und Fertigkeiten, sich wirkungsvoll zu erleben. Die Entwicklung von Kompetenzen wurde zum wichtigen Erziehungsziel in der Indianerkultur. Eigene Erfolgserwartungen wurden den Kindern über das Spiel sowie durch die Zuweisung von altersangemessenen und klar abgegrenzten Verantwortungsräumen vermittelt.

Ein Kind wird sich als selbstwirksam und kompetent erleben, wenn es Erfolge dem eigenen „Können" bzw. der eigenen Anstrengung zuschreibt. Das Bedürfnis nach Kompetenzerleben bezieht sich ebenso wie die Selbstwirksamkeitsüberzeugung auf das Gefühl, den anstehenden Herausforderungen und Aufgaben gewachsen zu sein. Wohldosierte Erfolgserfahrungen sind das wirksamste Mittel, um Selbstwirksamkeitserwartungen aufzubauen, damit das Selbstwertgefühl zu steigern, Ressourcen erfahrbar zu machen und ein positives Fähigkeitsselbst zu fördern.

Ziel

**Förderung von „Mastery" – Kompetenz bei Kindern
und Jugendlichen**

eigene Umgebung und das Leben meistern können

Haltung und Handeln des Pädagogen

Pädagogen ermöglichen im Verein/Verband

- ganzheitliches, „anderes Lernen" (Kap. 4.2) in allen Bereichen des Lebens unter Einbeziehung sozialer, emotionaler, körperlicher und geistiger Fähigkeiten über alle Sinne,

- problemlösende Aktivitäten, Entdeckung von eigenen Talenten und Stärken, Kreativität,

- Selbstwirksamkeitserfahrungen, intrinsische (innere) Motivation, Erfolgserlebnisse,

- effektive, anregende entwicklungsangemessene Lerngelegenheiten sowie Modellerleben zum Bewältigen von Entwicklungsaufgaben (Kap. 3).

7.4 „Independence" (Selbstbestimmung) – Ich kann entscheiden

Independence

Abb. 6: Selbstbestimmung/Unabhängigkeit

Die Förderung von Selbstkontrolle und Selbstbestimmung (Autonomie) stellt in der Kultur der Indianer ein weiteres wichtiges Erziehungsziel dar. Kindern und Jugendlichen wurden Möglichkeiten geboten, Einfluss auf ihr eigenes Leben auszuüben. Das Recht jeder Person, ihr Leben entsprechend den eigenen Vorstellungen zu gestalten und Einfluss auf das eigene Schicksal zu nehmen, erfuhr in dieser Kultur eine hohe Achtung. Indem Kindern die Möglichkeit geboten wurde, eigene Erfahrungen im Umgang mit Anforderungen zu machen und auf diese Weise Bewältigungskompetenzen zu entwickeln, wurden Handhabbarkeit und Bedeutsamkeit, zwei der drei Komponenten des Kohärenzgefühls (Kap. 6.4), gefördert.

Ziel

Förderung von „Independence" – Selbstbestimmung bei Kindern und Jugendlichen

unabhängig von anderen Menschen handeln, Kontrolle über das eigene Leben ausüben zu können

Haltung und Handeln des Pädagogen

Pädagogen ermöglichen im Verein/Verband

- die Entscheidung, Mitsprache und Selbstbestimmung von Kindern und Jugendlichen in den sie betreffenden Angelegenheiten (Kap. 4.1),

- das Entdecken eigener Bedürfnisse und Stärken, persönliche Disziplin,

- das selbstständige Bewältigen von Entwicklungsaufgaben und das Erleben der persönlichen Wirksamkeit,

- die Selbstkontrolle über die eigene Umgebung, die Einflussnahme auf das eigene Leben,

- die Übernahme von persönlicher Verantwortung.

Das Bestreben, sich als eigenständiges „Handlungszentrum", sich als Akteur der eigenen Entwicklung (Kap. 3.1) zu erleben, ist Ausdruck des Bedürfnisses nach Selbstständigkeit und Selbstbestimmung und Unabhängigkeit. Das Kind/Jugendlicher hat die Absicht, die Ziele und Vorgehensweisen des eigenen Handelns selbst zu bestimmen.

Wie bereits dargestellt (Kap. 3.4) erfährt z. B. das Bedürfnis nach Autonomie während der Adoleszenz eine dramatische Steigerung. Das Erlernen persönlicher Unabhängigkeit sowie die Entdeckung emotionaler Unabhängigkeit von Eltern und anderen Erwachsenen sind wichtige Entwicklungsaufgaben. So besteht die Aufgabe des Pädagogen darin, Kindern und Jugendlichen zu helfen, selbstständig Entscheidungen zu treffen.

Hier sei auf das Modell des Kohärenzgefühls (Kap. 6.4) verwiesen, das besonders die Bedeutung der Teilhabe an Entscheidungsprozessen herausstellt. Kinder und Jugendliche mit starkem Kohärenzgefühl werden eher in der Lage sein, angemessene Bewältigungsstrategien für Entwicklungsaufgaben zu entwickeln. Können Kinder und Jugendliche in den sie betreffenden Bereichen und Aktivitäten aktiv mitwirken und werden nicht bevormundet, können sie ein starkes Kohärenzgefühl ausbilden.

Durch die Bereitstellung von Möglichkeiten im Erziehungsalltag, Einfluss auf das eigene Leben auszuüben, können sich Kinder und Jugendliche als einflussreich, selbstwirksam in ihren Handlungen erleben und positive Selbstwirksamkeitsüberzeugungen aufbauen. Dies wirkt sich wiederum positiv auf das Selbstwertempfinden aus.

7.5 „Generosity" (Großzügigkeit) – Ich kann teilen

Generosity

Abb. 7: Großzügigkeit

Unter dem Begriff Generosity wird sowohl Großzügigkeit als auch die Fähigkeit zu prosozialem Verhalten (freiwilliges Verhalten mit der Absicht, einem anderen etwas Gutes zu tun) verstanden. Die Kultur des Teilens und Gebens ist eine Lebensgrundhaltung und die Basis des Zusammenlebens der Ureinwohner Nordamerikas. Dies kommt auch im „Ubuntu" der afrikanischen Kultur zum Ausdruck. Kindern wurde bereits sehr früh vermittelt, dass großzügiges Verhalten einen wichtigen Wert der Gemeinschaft darstellt. Es wird eine universelle biologische Grundlage für Altruismus und prosoziales Verhalten angenommen. Fürsorgendes, helfendes Sozialverhalten ist mehr oder minder bei allen Kindern und Jugendlichen zu finden.

Ziel

Förderung von „Generosity" – Großzügigkeit bei Kindern und Jugendlichen
freundlich, zugewandt sein, teilen und helfen, einen tieferen Sinn im Leben finden

Haltung und Handeln des Pädagogen

Pädagogen fördern im Verein/Verband

- eine Kultur des Teilens und Gebens, des freundlichen und helfenden Umgangs,
- prosoziales Verhalten der Kinder und Jugendlichen, Übernahme fürsorglicher und produktiver Rollen in der Gemeinschaft,
- Selbstwert, Selbstachtung, Unterscheidung von Recht und Unrecht, Anstand, Mitleid, Ehrlichkeit, Fair Play,
- Eingehen auf Nöte und Bedürfnisse Anderer,
- moralisches, ethisches, religiöses Bewusstsein und die Suche nach Sinn und Zweck,
- Gefühle anderer und eigene Empfindungen wahrzunehmen,
- dass sich Kinder und Jugendliche als hilfreich und bedeutend für Andere wahrnehmen und erleben,
- Achtsamkeit in Umgang mit Anderen, Umwelt und Natur.

Für die Entwicklung von prosozialem Verhalten hat die Empathie eine zentrale Funktion. Es gibt eine enge Verbindung zwischen der positiven Selbstbewertung und -einschätzung einer Person auf der einen Seite, und Hilfsbereitschaft auf der anderen Seite. Eine positive Selbsteinschätzung eigener Kompetenzen erhöht die Bereitschaft zu prosozialem Verhalten. Umgekehrt hat auch prosoziales Verhalten einen positiven Effekt auf das Selbstwertgefühl einer Person.

Im Rahmen der Erziehung sollen Kindern und Jugendlichen Möglichkeiten geboten werden, anderen Menschen zu helfen. Durch prosoziales, helfendes Verhalten kann ein positives Selbstwertgefühl bei Kindern und Jugendlichen gestärkt werden.

Die Erfahrung, für andere Menschen von Bedeutung zu sein und gebraucht zu werden, ist eine wichtige Quelle für den Aufbau eines positiven Selbstwertgefühls. Dadurch kann das grundlegende Vertrauen in die Sinnhaftigkeit und Bedeutsamkeit des eigenen Lebens gestärkt werden.

Dem Vorbild, dem Modellverhalten des Pädagogen kommt hierbei eine grundlegende Bedeutung zu (Kap. 5.6). Dies wirkt sich förderlich auf die soziale und resiliente Entwicklung von Kindern und Jugendlichen aus („They practice what they preach" – „Sie leben und praktizieren das, was sie „predigen"').

Eine sichere und warme soziale Beziehung zwischen Kindern/Jugendlichen und ihren Bezugspersonen beeinflusst maßgeblich die Entwicklung von Empathie. „Belonging" und „Generosity" sind somit aufeinander bezogen. „Generositiy" als Werthaltung begünstigt den Aufbau eines positiven Selbstwertgefühls (Kap. 3.1) und trägt zur Entwicklung des Kohärenzgefühls (Kap. 6.4) bei.

7.6   Auswirkungen des „Circle of Courage" auf Kinder und Jugendliche

Die am „Circle of Courage" orientierte Arbeit des Pädagogen soll Möglichkeiten im Leben der Kinder und Jugendlichen ermitteln, sichere und vertrauensvolle Beziehungen aufzubauen (Belonging) und Lerngelegenheiten bereitstellen, in denen sie eigene Fähigkeiten entdecken und entwickeln können (Mastery). Durch die Übernahme von entwicklungsangemessenen Verantwortungsräumen im Verein, in der Gruppe (Independence) soll ihnen ermöglicht werden, sich selbst als effektiv Handelnde (Mastery) und hilfreich für andere zu erleben (Generosity).

Das anwendungs- und handlungsbezogene Modell des „Circle of Courage" „übersetzt" die Ergebnisse der Resilienzforschung für den Pädagogen in einfache und nachvollziehbare Anweisungen für die Gestaltung eines resilienzfördernden Erziehungsverhaltens.

Die Prinzipien des „Circle of Courage" greifen die in Kap. 2 dargestellten Bedürfnisse, Rechte und Bilder von Kindern und Jugendlichen auf und liefern Impulse für die Gestaltung einer gelingenden Entwicklung, verstanden als aktive Bewältigung von Entwicklungsaufgaben mit unterschiedlichen Schwerpunkten in den Lebensaltern (Kap. 3).

Der „Circle of Courage" berücksichtigt die Forderungen an eine Kinder- und Jugendarbeit, die entsprechende Erfahrungs- und Bildungsräume und andere Arten des Lernens berücksichtigt (Kap. 4).

Der am „Circle of Courage" ausgerichtete, und damit seine Person, Haltung, Erziehungsstil, Vorbildfunktion beobachtende und reflektierende Pädagoge (Kap. 5) kann durch eine an der konsistenten Befriedigung der vier universellen Wachstumsbedürfnisse orientierten Erziehung einen wichtigen Beitrag zum Aufbau eines positiven Selbstwertgefühls leisten und Kindern und Jugendlichen in einer positiven Entwicklung stärken.

Die Wahrnehmung der formulierten Aufgaben durch den Pädagogen (Kap. 6) auf dem Hintergrund der Philosophie des „Circle of Courage" ermöglicht es Kindern und Jugendlichen, sich zu kompetenten Erwachsenen zu entwickeln, die die an sie gestellten Aufgaben und Probleme des Lebens als Herausforderungen begreifen und angemessene und wirksame Strategien zur Bewältigung dieser entwickeln.

Wenn der Verein bzw. der dort tätige Pädagoge sich den oben genannten Aufgaben und der Verantwortung stellt, so gilt es die Prinzipien des „Circle of Courage" bezogen auf seine Person, die anvertrauten Kinder und Jugendlichen sowie den Verein immer wieder zu überprüfen. Die folgende Übersicht ermöglicht eine Einschätzung der verschiedenen Bereiche des „Circle of Courage" aus der Perspektive des Kindes, der Gruppe und des Pädagogen.

Perspektive/Circle of Courage	Belonging	Mastery	Independence	Generosity
Kind/ Jugendlicher	Mir wird vertraut. Ich werde wertgeschätzt und geliebt. Ich kann mit anderen sprechen, wenn ich Angst oder Sorgen habe.	Ich kann Lösungen finden für Probleme, mit denen ich konfrontiert werde. Ich bin zuversichtlich, dass alles gut wird. Ich kann mein Verhalten in schwierigen Situationen kontrollieren.	Ich habe Menschen um mich, die mich dabei unterstützen und bestärken, selbstbestimmt zu handeln. Ich bin verantwortungsbewusst für das, was ich tue. Ich habe Menschen um mich, die mir als Vorbilder dienen und von denen ich lernen kann. Ich kann spüren, wann es richtig ist, eigenständig zu handeln oder ein Gespräch mit jemandem zu suchen.	Ich bin froh, Anderen helfen zu können und ihnen meine Anteilnahme zu signalisieren. Ich bin respektvoll gegenüber mir selbst und anderen. Ich kann jemanden finden, der mir hilft, wenn ich Unterstützung brauche. Ich habe Menschen um mich, die mir helfen, wenn ich sie brauche.
Gruppe	Warmer, freundlicher, willkommener Ort für alle. Ist ein sicherer und geschützter Ort. Verbindet mit anderen zugewandten Erwachsenen und Kindern/ Jugendlichen.	Angemessene soziale und emotionale Fähigkeiten werden vermittelt. Verschiedene Lernarten werden angeboten. Erfolgserlebnisse werden erfahren.	Bietet Hilfestellung und Unterstützung. Bietet entwicklungsgemäße Selbstbestimmung und Verantwortung. Ressourcenstärkeorientiertes Vorgehen wird bevorzugt.	Es werden Möglichkeiten angeboten, anderen zu helfen. Hoffnung und Optimismus werden vemittelt. Sichkümmern, Mitfühlen, Freundlichkeit.
Pädagoge	Kind/Jugendlicher durch Gruppe/ Gruppenleiter angenommen?	Welche Talente/ Begabungen nehme ich beim Kind/Jugendlichen wahr?	Gibt es Anzeichen, dass sich Kind/Jugendlicher in bestimmten Situationen hilflos fühlt?	Kümmert sich Kind/Jugendlicher um Belange und Sorgen anderer Gruppenmitglieder?

Perspektive/Circle of Courage	Belonging	Mastery	Independence	Generosity
Pädagoge	Wie bringe ich meine Anerkennung dem Kind/Jugendlichen gegenüber zum Ausdruck?	In welchen Bereichen hat das Kind/der Jugendliche Erfolgserlebnisse?	Kann Kind/Jugendlicher eigene Meinung angemessen nach außen vertreten?	Ist Kind/Jugendlicher hilfsbereit?
	Erfährt das/der Kind/Jugendlicher Anerkennung von Gruppenmitgliedern?	Wird durch das Talent Zugehörigkeit zur Gruppe gestärkt? Wird dieses anerkannt?	Verfügt Kind/Jugendlicher über intrinsische Motivation?	Hat Kind/Jugendlicher offenes Ohr für die Sorgen und Anliegen anderer Gruppenmitglieder?
	Kommt Kind/Jugendlicher gerne in die Gruppe?	Hat das Kind/der Jugendliche selbstgesteckte Ziele, für deren Verwirklichung es/er sich einsetzt (intrinsische Motivation)?		Verhält sich Kind/Jugendlicher rücksichtsvoll gegenüber Anderen?
	Wird Kind/Jugendlicher von anderen Gruppenmitglieder in Aktivitäten eingebunden?			Kann Kind/Jugendlicher Komplimente machen?
	Schließt sich Kind/Jugendlicher anderen Gruppenmitgliedern bei Aktivitäten an?	Wie geht Kind/Jugendlicher mit Anforderungen und Herausforderungen um? Hoffnung auf Erfolg oder Angst vor Misserfolg?		Kann Kind/Jugendlicher sich gegenüber Anderen für Versäumnisse und Fehlverhalten entschuldigen?
	Durch welche Stärken/Ressourcen findet Kind/Jugendlicher Zugang zu der Gruppe/befriedigt ihr Bedürfnis nach Zugehörigkeit?	Hat das Kind/der Jugendliche Möglichkeit Entscheidungsspielraum auszudehnen? Trifft es/er Entscheidungen verantwortungsvoll?		Verfügt Kind/Jugendlicher über Ressourcen, die selten genutzt werden und die das Bedürfnis nach Zugehörigkeit befriedigen können?
	Welche Ressourcen nehme ich am Kind/Jugendlichen wahr, die nicht oder kaum genutzt werden,			

Perspektive/Circle of Courage	Belonging	Mastery	Independence	Generosity
Pädagoge	um die Zugehörigkeit zur Gruppe zu stärken? Hat das Kind/der Jugendliche in der Gruppe feste Bezugspersonen?	Welche Ressourcen nehme ich wahr, die genutzt werden könnten, um Kind/Jugendlichen in ihrem Bedürfnis nach Kompetenzerleben zu stärken? Kann Kind/Jugendlicher übertragene Aufgaben zuverlässig bewältigen? Geht Kind/Jugendlicher davon aus, durch Verhalten etwas bewirken zu können (Selbstwirksamkeit)? In welchen Bereichen verfügt Kind/Jugendlicher über ein gutes Selbstwertgefühl? Wie reagiert Kind/Jugendlicher auf Schwierigkeiten? Verfügt Kind/Jugendlicher über soziale Kompetenzen (Einfühlungsvermögen, Offenheit, Toleranz, Fähigkeit, Kontakte zu knüpfen und zu pflegen)?		

I have a dream

Nach dem Amoklauf in Winnenden haben die Jugendlichen im Schluss-
gottesdienst ergreifend dargelegt, was ihr Herz bewegt, was sie
zum Weiterleben brauchen. Sie drückten es in Symbolen aus.

Sonnenblumen:
Für das Licht, das die Trauernden erreichen soll.

Ein Scherenschnitt:
Für die Hoffnung, dass es in den Familien Zeit und Raum für liebevolle
Gespräche und Zuwendung geben kann.

Ein Tanzkleid:
Für die Lebensfreude.

Ringe:
Für Freundschaft und Vertrauen.

Ein Zeugnisheft:
Für die Prüfungen, die das Leben bringt und die Freude,
etwas geschafft zu haben.

Fußabdrücke:
Für die hoffnungsvollen Schritte in die Zukunft.

Hände:
Für Umarmungen.

Und ein Herz:
Für die Liebe und den Wunsch, sie weiterzugeben.

Sie hätten auch sagen können:
Das brauchen wir zum Großwerden!

Erläuterung der Fachbegriffe und Fremdwörter

Adipositas	Fettleibigkeit, Fettsucht
Adoleszenz	Endphase des Jugendalters
Authentizität, authentisch	Glaubwürdigkeit, glaubwürdig sein
Autonomie	Unabhängigkeit, Selbstständigkeit
autoritär	Unbedingten Gehorsam fordernd
Autorität	Persönlichkeit mit maßgeblichem Einfluss
autoritativ	auf Ansehen beruhend, mit Hilfe der Autorität
Balance	Gleichgewicht
basal	grundlegend, die Basis bildend
Code	System von Regeln und Übereinkünften
Defizit	Mangel
Dimension	Ausmaß
Diskriminierung	Herabwürdigung
distanziert	zurückhaltend
emotional	gefühlsmäßig
Empathie	Fähigkeit, sich in die Einstellung anderer einzufühlen
Empowerment	Jemanden befähigen, seine Ressourcen wahrzunehmen und zu benutzen
Ethnie, ethnisch	Menschgruppe mit einheitlicher Kultur, zum Volk gehörend
Existenz, existenziell,	Dasein, Vorhandensein, lebenswichtig
Heterogenität	Verschiedenartigkeit
idealtypisch	einem Idealtypus entsprechend / höchster Wert

Identifikation, sich identifizieren	sich Gleichsetzen mit einer Person
Identität	als Selbst erlebte innere Einheit der Person, Echtheit der Person
Ignoranz	tadelswerte Unwissenheit
Inklusion	Einschluss, Enthaltensein
Integration	Einbeziehung
Interaktion, interaktiv	Wechselbeziehung, wechselseitig
intrinsisch	von innen her, aus eigenem Antrieb
intuitiv	auf Eingebung beruhend, Zusammenhänge erfassen
Kohärenz	Zusammenhang
Kommunikation	zwischenmenschlicher Verkehr, Verständigung
Kompensation, kompensieren	Ausgleich, ausgleichen
Kompetenz	Sachverstand, Fähigkeit
komplex	vielschichtig
konsistent	fest zusammenhängend, in sich stabil, beständig
konstruktiv	den sinnvollen Aufbau fordernd
Kooperation, kooperieren	Zusammenarbeit, zusammenarbeiten
Maximalist	im höchsten Grad tätig sein, wirken
Medium	vermittelndes Element
Migration, Migrant	Zuwanderung, Mensch mit ausländischen Wurzeln
Mobilität	Beweglichkeit
Motorisch	die Bewegung betreffend

Objekt	Gegenstand, auf den das Interesse geworfen ist
Ökonomie, ökonomisch	Wirtschaft, wirtschaftlich
Partizipation	Teilhabe, Beteiligtsein
physikalisch	die Physik und ihre Gesetzmäßigkeiten betreffend
physisch	körperlich
Pluralität	Vielfältigkeit, Vielzahl
Potenzial, potenziell	Gesamtheit aller verfügbaren Mittel, möglich
prosoziales Verhalten	freiwilliges Verhalten mit der Absicht, einem anderen etwas Gutes zu tun
psychisch	seelisch, die Seele betreffend
Pubertät	zur Geschlechtsreife führende Entwicklungsphase des jugendlichen Menschen
rational	vernünftig
Reflexion, Selbstreflexion	Nachdenken, Reflexion über die eigene Person
Resilienz, resilient	Widerstandskraft, robust, widerstandskräftig
Respekt	auf Anerkennung beruhende Achtung
Ressource	Mittel/Hilfsmittel zur Erledigung von Anforderungen und Aufgaben
Salutogenese	Konzept zur Entstehung und Erhaltung von Gesundheit
sensibel	empfindlich, feinfühlig
sensitiv	überempfindlich
Spektrum	reiche Vielfalt

strikt	straff, eng, streng
Subjekt	mit Bewusstsein ausgestattetes, denkendes und handelndes Wesen
subtil	fein strukturiert, schwierig, kompliziert
Ubuntu	auf Menschlichkeit beruhende afrikanische Philosophie
Universalien, universal, universell	umfassende, weltweite, allgemeingültige Aussagen, allgemein, alle Bereiche umfassend
verbal, nonverbal	mit Hilfe der Sprache, sprachlich – nichtsprachlich

Stichwortverzeichnis

Literaturhinweise zu den Kapiteln

Kapitel 1

Bergmann, W. & Hüther, G. (2005). *Computersüchtig. Kinder im Sog der modernen Medien.* Mannheim: Patmos Verlag.

Bertram, H. (Hrsg.). (2008). *Mittelmaß für Kinder. Der UNICEF-Bericht zur Lage der Kinder.* München: Verlag C.H. Beck.

Hurrelmann, K. & Andresen, S. (2010). *Kinder in Deutschland 2010. 2. World Vision Kinderstudie.* Frankfurt: Fischer.

Klöckner, C., Beisenkamp, A. & Hallman, S. (2007). *Stimmungen, Meinungen, Trends von Kindern in sieben Bundesländern.* Herten: ProSoz.Herten Prokids-Institut www.kinderbarometer.de.

Kapitel 2

Bundesministerium für Familien, Senioren, Frauen und Jugend (1989 UN-Ratifizierung, 2007). *Übereinkommen über die Rechte des Kindes.* UN-Kinderrechtskonvention im Wortlaut mit Materialien. Berlin.

Deutsches Kinderhilfswerk (Hrsg.). (2009). *Kinderreport Deutschland 2010.* Hamburg: Family Media/Verlag Velber.

Kapitel 3

Oerter, R. & Montada, L. (Hrsg.). (2002). *Entwicklungspsychologie.* Weinheim: Beltz.

Tramitz, C. (2003). *Kindergeheimnisse. Die verborgenen Welten der Elf- bis Achtzehnjährigen.* München: Droemer Knaur Verlag.

Kapitel 4

Deinet, U. (Hrsg.). (2005). *Handbuch für Jugendarbeit.* Wiesbaden: VS Verlag für Sozialwissenschaften.

Kapitel 5

Dauber, H. (2009). *Grundlagen humanistischer Pädagogik. Leben lernen für eine humane Zukunft* (2., völlig überarbeitete Auflage). Bad Heilbrunn: Julius Klinkhardt.

Gudjons, H., Wagner-Gudjons, B. & Pieper, M. (2008). *Auf meinen Spuren. Übungen zur Biografiearbeit.* Bad Heilbrunn: Julius Klinkhardt.

Gudjons, H. (2010). *Pädagogisches Grundwissen* (10., aktualisierte Auflage). Bad Heilbrunn: Julius Klinkhardt.

Kapitel 6

Babcock, D. E. & Keepers,T. D. (1998). *Miteinander wachsen, Transaktionsanalyse für Eltern und Erzieher.* München: Gütersloher Verlagshaus.

Duweke, P. (2008). *Anerkennung. Ohne sie geht nichts. Wie Respekt und Wertschätzung unser aller Leben bestimmen.* Düsseldorf: Patmos

Friedrich, H. (2003). *Beziehungen zu Kindern gestalten.* Weinheim: Beltz.

Krause, C. & Lorenz, R.-F. (2009). *Was Kindern Halt gibt. Salutogenese in der Erziehung.* Göttingen: Vandenhoeck + Ruprecht.

Kapitel 7

Brendtro, L., Brokenleg, M. & Van Bockern, S. (2002). *Reclaiming youth at risk: Our hope for the furture* (Rev.ed.). Bloomington/Indiana: National Educational Service www.reclaiming.com